8°R
10188

AF297625

NOCES D'OR

DE LA

CONFÉRENCE

SAINT-VINCENT-DE-PAUL

DE LAVAL

1840-1890

LAVAL

CHAILLAND, IMPRIMEUR-LIBRAIRE DE L'ÉVÊCHÉ

2, rue des Béliers (place des Arts).

NOCES D'OR

DE LA

CONFÉRENCE SAINT-VINCENT-DE-PAUL

DE LAVAL

8° R
10138

Laval. — Imprimerie CHAILLAND, rue des Béliers, 2.

NOCES D'OR

DE LA

CONFÉRENCE

SAINT-VINCENT-DE-PAUL

DE LAVAL

1840-1890

LAVAL

CHAILLAND, IMPRIMEUR-LIBRAIRE DE L'ÉVÈCHÉ

2, rue des Béliers (place des Arts).

La Conférence de Saint-Vincent-de-Paul de Laval, fondée en 1840, désirait depuis long-temps fêter aussi solennellement que possible, en 1890, le cinquantième anniversaire de sa fondation. Aussi dès le lendemain de l'entrée de Mgr Cléret dans son diocèse, lorsque les Membres de la Conférence eurent l'honneur d'être reçus pour la première fois par leur nouvel évêque, ils saisirent cette occasion pour demander à Sa Grandeur de bénir leur projet. Mgr Cléret voulut bien approuver cette idée et promit séance tenante de prendre la pré-sidence de cette fête des Noces d'or. Bien plus, lorsque M. Antonin Pagès, Président général de la Société, s'ouvrit à Sa Grandeur du projet qu'il étudiait depuis longtemps, la fondation d'un Conseil central des Conférences du dio-cèse de Laval, Monseigneur voulut bien donner son concours le plus empressé à cette création.

1

Nous avions espéré jusqu'au dernier moment que M. Antonin Pagès, notre vénéré Président général, pourrait assister à notre fête. Celui-ci n'avait rien tant à cœur, lorsqu'au dernier moment, retenu par un devoir grave, il fut obligé de renoncer à venir à Laval. Désireux de donner à notre OEuvre une marque toute spéciale de son bienveillant intérêt, M. Antonin Pagès désigna pour le remplacer deux des Membres les plus sympathiques du Conseil général : M. Félix Bonnet, avocat à la Cour de cassation, et M. Maxime Legendre.

Sans avoir la prétention de fêter leurs Noces d'or avec autant d'éclat que les Conférences des grandes villes l'ont fait déjà, les Confrères de Laval firent tous leurs efforts pour donner à cette cérémonie une solennité compatible avec la modestie de leur OEuvre. Aussi, ce fut un vrai bonheur pour eux de voir un grand nombre de Membres des Conférences du diocèse et des diocèses voisins répondre à leur appel.

La fête avait été fixée au samedi 29 novembre. Son programme comprenait *un Pèlerinage* au sanctuaire vénéré de Notre-Dame d'Avénières, *une Assemblée générale* et *un Banquet*.

LE PÈLERINAGE

Monseigneur, dont le dévouement infatigable ne sait rien refuser aux OEuvres de son diocèse, avait voulu célébrer lui-même la messe d'actions de grâces. Aussi, dès 8 heures 1/2, malgré le froid rigoureux, une assistance nombreuse et choisie remplissait-elle la belle église d'Avénières.

Aux premiers rangs se trouvaient les Membres de l'OEuvre, au nombre d'une centaine, comprenant les Membres actifs et les Membres honoraires de la Conférence de Laval, et la jeune Conférence du Collège de l'Immaculée-Conception de Laval; des représentants nombreux des Conférences diocésaines de Mayenne, Château-Gontier et Ernée.

Les Conférences des diocèses voisins étaient représentées par les Présidents du Mans et de

Rennes; celle de Vitré avait délégué son Président et plusieurs Membres. Le reste de l'église était occupé par nos Dames bienfaitrices.

Parmi les ecclésiastiques présents se trouvaient MM. les chanoines Couanier de Launay et Paul Letourneurs, que des liens tout spéciaux rattachent à la Conférence de Laval.

La bénédiction du Très Saint-Sacrement, donnée par Monseigneur, a dignement clôturé la première partie de la fête.

Pendant la cérémonie, une quête des plus fructueuses a été faite par MM^{mes} la Comtesse H..de Quatrebarbes et Henri Bucquet.

De forts beaux chants ont été exécutés pendant la messe et le salut; ils ont fait grand honneur à ceux des Confrères et des amis de l'Œuvre qui avaient bien voulu prêter leur concours et se grouper sous l'habile direction de ce chrétien si dévoué, dont tous à Laval aiment et admirent le beau talent.

L'ASSEMBLÉE GÉNÉRALE

A 10 heures 1/2, les Membres de l'OEuvre se trouvaient réunis de nouveau avec leurs invités, au local de la Conférence, 25, rue des Tuyaux, pour l'Assemblée générale.

Monseigneur avait bien voulu accepter la présidence de cette réunion : il avait à ses côtés M. Félix Bonnet, délégué du Président du Conseil général de la Société, et M. de la Perraudière, Président du nouveau Conseil central de Laval.

Venaient ensuite MM. d'Argencé, Président de la Conférence de Mayenne, docteur Sauvé, Président de la Conférence de Château-Gontier, comte de Croüy, Président de la Conférence d'Ernée; puis M. Griffaton, Président du Conseil central du Mans, M. Legendre, délégué du Conseil général de Paris, M. Milon, Président d'une des Conférences de Rennes, et M. le docteur Rupin, Président de la Conférence de Vitré.

A la tête des nombreux ecclésiastiques qui occupaient le reste de l'estrade, on remarquait MM. Lemaître et Chartier, vicaires généraux, M. le Doyen du Chapitre, MM. les chanoines Huard, Letourneurs, Vallée et Verdon, le R. P. Supérieur du Collège de l'Immaculée-Conception, le R. P. Supérieur de Saint-Michel, MM. les Curés de Saint-Vénérand, Notre-Dame et Avénières, etc.

Après la prière et la lecture de piété d'usage dans la Société, Monseigneur a donné la parole à M. le docteur Bucquet, Président de la Conférence de Laval, qui, après quelques mots de bienvenue, a lu le rapport suivant sur l'histoire de la Conférence de Laval depuis sa fondation.

Rapport sur l'histoire de la Conférence de Saint-Vincent-de-Paul de Laval depuis sa fondation.

MONSEIGNEUR,

Notre premier devoir au début de cette séance est de vous exprimer notre reconnaissance pour la marque bien précieuse de sympathie que vous nous donnez aujourd'hui. Dès le lendemain de votre arrivée dans ce diocèse, vous avez accepté de prendre l'initiative de cette fête des Noces d'or de la Conférence de Laval. Connaissant mieux que personne les besoins de notre Œuvre, vous avez voulu donner à M. le Président général votre concours le plus dévoué pour la création du nouveau Conseil central dont vous allez présider l'installation. Pour vous en remercier, notre voix aurait été bien insuffisante. Aussi sommes-nous heureux de voir nos Confrères du diocèse se joindre à nous, répondant en si grand nombre à notre appel, afin de vous offrir l'expression de notre profonde gratitude et de notre entier dévouement.

Nous aurions été peut-être, Messieurs, bien téméraires, en donnant tant d'importance à une fête qui ne devait pas dépasser les limites modestes de notre sphère d'action, si nous n'avions pour excuse la présence au milieu de nous de M. Félix Bonnet, délégué du Conseil général.

M. Bonnet vient nous apporter, au nom de M. le Président général, retenu loin d'ici par d'autres devoirs, les plus précieux encouragements que nous puissions recevoir, et nous donner, de la part du Conseil général tout entier, un témoignage de bonne et fraternelle amitié que sa personnalité sympathique nous rend plus cher encore.

Comment pourrions-nous vous exprimer toute notre reconnaissance, à vous, Messieurs les Présidents et chers Confrères des autres Conférences du diocèse? Vous avez voulu donner à l'aînée des Conférences de la Mayenne une marque toute particulière d'affection. Cette solennité, par la création du nouveau Conseil central, vous touche de plus près, elle devient comme la fête de toutes les Conférences du diocèse. C'est à ce titre que je vous prie de vous unir à nous pour remercier MM. les Présidents du Conseil central du Mans, des Conférences de Rennes et de Vitré, et tous ceux qui sont venus de si loin pour assister à cette cérémonie.

En vous présentant, Messieurs, ce rapport sur l'histoire de la Conférence de Laval depuis sa fondation, je n'ai d'autre but que de vous montrer, dans notre Œuvre bien modeste, un exemple de l'étonnante vitalité de la Société de Saint-Vincent-de-Paul. Notre histoire se résume en entier dans la fidélité de nos Confrères aux enseignements de la sainte Eglise, notre mère, et de ses représentants parmi nous. C'est ce qui nous a valu jusqu'ici la constante bienveillance de nos Evêques et de tout le clergé : c'est ce qui nous vaut, Monseigneur, l'honneur de votre présence aujourd'hui.

I

La première séance de la Conférence de Saint-Vincent-de-Paul de Laval eut lieu le 6 septembre 1840. Nos Confrères se réunirent au nombre de huit chez

M. l'abbé Aubry, vicaire à la Trinité (55, rue Renaise). Il y avait là sans doute des hommes d'un âge mur qui édifiaient depuis longtemps la ville par leur piété, mais il y avait surtout des jeunes gens dont la plupart venaient de finir leurs études à Paris, où, contemporains d'Ozanam et de ses compagnons, ils avaient assisté aux débuts de notre Société.

Je vous dois, Messieurs, les noms de ces ouvriers de la première heure. En tête figure M. Aubry, le digne prêtre qui devait être le fondateur de la Conférence ; en second lieu je trouve M. Baptiste Couanier, notre vénéré doyen ; puis M. Louis d'Aubert, le futur Président de la Conférence ; M. Benjamin Sebaux, le frère de Monseigneur d'Angoulême ; M. Anatole Bucquet, docteur en médecine ; M. Auguste Coquereau, prêtre-sacristain de la Trinité ; M. Charles Letourneurs, notre dernier Président, et M. Auguste Campeau-Desaint, notre Confrère, qui partage avec M. B. Couanier l'honneur de représenter au milieu de nous les fondateurs de notre Conférence (1).

Tout naturellement, M. l'abbé Aubry fut choisi séance tenante comme Président. Le bureau fut complété par M. d'Aubert, nommé Vice-Président, le docteur Bucquet, Secrétaire, et M. Sebaux, Trésorier.

Tandis qu'ailleurs souvent les Conférences paraissent avoir eu des débuts modestes, il semble qu'à

____

(1) Voir aux *Pièces justificatives* la liste complète des fondateurs de la Conférence.

Laval notre Conférence, à peine née, devait se recruter rapidement. Dès la seconde séance, le 13 septembre 1840, sept nouveaux Confrères se faisaient inscrire. Parmi eux je relèverai le nom de M. Jean-Baptiste Migoret-Lamberdière, que la mort nous a ravi cette année seulement, et je vous prierai de saluer au passage la mémoire de cet intrépide vétéran de notre Œuvre, que nous aurions été si heureux de fêter aujourd'hui.

Chaque semaine de nouvelles recrues arrivaient, si bien qu'au bout d'un an la Conférence comptait déjà quarante et un Membres actifs, dont le dernier admis était M. Stéphane Couanier de Launay, aujourd'hui chanoine honoraire de Laval.

Il faut ici, Messieurs, m'excuser une fois pour toutes, si dans ce rapport doivent se rencontrer tant de noms propres. L'histoire d'une Œuvre comme la nôtre ne peut se faire sans évoquer le souvenir de ceux qui l'ont successivement représentée. Si parmi les noms que je serai forcé de citer, il y a ceux de personnes encore vivantes, je les prierai de me le pardonner. Et lorsque ces vivants sont nos premiers fondateurs, il nous est bien permis de les nommer pour leur offrir respectueusement nos vœux dans cette solennité de la cinquantaine, qui est bien un peu aussi leur fête.

Quel était le but de nos premiers Confrères, en fondant à Laval cette nouvelle Œuvre? Je le trouve merveilleusement exposé dans un rapport lu par M. Aubry à la première séance générale de la Conférence, en juillet 1842, où notre premier Président s'exprimait ainsi :

« Dans cette première réunion (du 6 septembre
» 1840) dont les épanchements d'une confiance ré-
» ciproque firent tous les frais, bientôt nos cœurs
» se comprirent, et quand nous vous parlâmes des
» pauvres dont vous auriez à soulager les misères
» corporelles et morales, et surtout de ces enfants
» si dignes de compassion qu'il s'agissait d'adop-
» ter et d'élever dans l'amour et la pratique de
» leurs devoirs, oh! alors, comprenant l'étendue et
» les difficultés de cette nouvelle mission, vous vous
» mîtes à l'œuvre et vous devîntes à l'instant même
» les disciples de saint Vincent de Paul. »

Ainsi donc, dès la première réunion, les deux grandes œuvres de notre Conférence, la visite des pauvres et le Patronage, étaient assurées par la charité de nos Confrères. Le Patronage dut ouvrir à peine quelques mois après; du reste, le même rapport de M. Aubry l'indique clairement, en insistant sur le choix que nos Confrères savaient faire de leurs familles, de leurs apprentis et de leurs patrons. Ce rapport parle même des efforts de nos Confrères pour travailler dès cette époque à la réhabilitation des unions illégitimes. Ainsi, dès la première année, notre Œuvre était déjà si complète, si prospère et si fortement constituée, qu'au moment où M. Aubry quitta Laval, peu de temps après l'Assemblée générale dont nous parlons, en 1842, elle ne souffrit point du départ de son fondateur.

Le second Président de la Conférence fut M. Louis d'Aubert. Connaissant mieux que personne l'esprit de son pays et de ses contemporains, cet éminent homme de bien sut donner à notre Œuvre une vive impulsion. Il a laissé parmi nous comme dans sa famille des traditions d'honneur et de piété qui n'ont pas été perdues.

Après le départ de M. Aubry, la Conférence, qui s'était d'abord réunie chez son Président, puis un instant je crois au presbytère de la Trinité, vint tenir ses séances rue du Lycée, dans un local situé à l'entrée de la ruelle du Lycée (actuellement rue Flatters), et dont l'emplacement ferait aujourd'hui face à la communauté des Sœurs de l'Espérance. C'est là que M. d'Aubert installa le Patronage — avec l'aide de ses collaborateurs, MM. le marquis de Montecler, Garnier et Paul du Bourg. — D'après un rapport de M. d'Aubert, Président (1), à une séance solennelle de 1843, à laquelle assistaient plusieurs évêques (2) et de nombreux ecclésiastiques, ce Patronage s'adressait à des apprentis externes et comprenait en outre une maison de jeunes ouvriers. Pour cela on s'était imposé d'énormes sacrifices : il avait fallu construire ; le local comprenait un grand appartement servant aux jeux des enfants, et deux autres con-

---

(1) Dans ce même rapport, il est parlé de la fondation à cette époque d'une Conférence rurale à Saint-Jean-sur-Mayenne.

(2) NN. SS. les Evêques du Mans, de Nancy, de Nantes, de Rennes et d'Angers, qui étaient venus à Laval assister à la translation solennelle des reliques de saint Tomède.

sacrés aux cours donnés tous les soirs, aux apprentis, par des Membres de la Conférence. Les anciens bâtiments servaient au cercle des jeunes ouvriers, qui avaient fondé entre eux, avec l'aide de la Conférence, une caisse de secours contre les chômages dus à la maladie.

Nous possédons encore le règlement de ce premier Patronage, œuvre d'un de nos Vice-Présidents, M. Garnier, mort depuis Président du Conseil particulier des Conférences du Mans.

En septembre 1842, avait paru pour la première fois notre almanach, l'*Ami des Familles*, créé par un libraire de la ville, M. Godbert, Membre de la Société. Cet almanach, maintenant si populaire, devint petit à petit l'œuvre personnelle et la propriété de nos Confrères, qui lui ont donné sa forme actuelle.

En peu d'années, la Conférence de Laval avait ainsi atteint un degré de prospérité qui la rendait l'égale des plus belles Conférences de province, lorsque M. d'Aubert vint à mourir le 18 octobre 1847, regretté de tous.

C'est à la suite de cet événement que nous voyons pour la première fois nos procès-verbaux faire mention d'une élection. Cependant il semble que ce jour-là nos Confrères eurent assez de peine à trouver par ce nouveau procédé un successeur à M. d'Aubert. Le 30 octobre 1847, après deux tours de scrutin, M. Baptiste Couanier fut élu Président. Ce choix si bien motivé dut effrayer grandement la modestie de notre vénéré doyen, car, dès le jour même, M. Couanier fit savoir qu'il ne pouvait accepter ces fonctions.

La Conférence fut donc forcée de procéder à un nouveau vote, et, le samedi suivant, M. Charles du Bourg fut élu.

A cette époque aussi, le système des élections était en usage à la Conférence de Laval, non seulement pour la nomination du Président, mais aussi pour celle des autres Membres du bureau qui étaient rééligibles tous les deux ans. J'ignore si cette pratique était alors générale dans la Société. C'est ainsi qu'après le départ de M. Garnier, MM. le marquis de Montecler et Stéphane Couanier furent nommés Vice-Présidents, et M. Auguste Guays des Touches Secrétaire, en 1848.

M. Auguste Guays des Touches, dont la personnalité aimable est encore présente à la mémoire d'un bon nombre d'entre nous, était alors vraiment l'homme du Patronage. Sans modifier l'œuvre de M. d'Aubert, il cherchait à grandir sa sphère d'action. C'est ainsi qu'en 1849 il annexa au Patronage un véritable cercle d'ouvriers, s'adressant à toute une catégorie de jeunes gens pris dans un autre milieu que nos patronnés. Ce fut là sans doute pour lui la première conception de la belle Œuvre à laquelle il a attaché son nom, l'Association de Notre-Dame de Beauregard, qu'il fonda quelques années plus tard.

Du reste, il semble que le zèle de nos Confrères fût incapable de reculer devant une nouvelle entreprise. En 1850, nous les voyons se charger d'une Œuvre qui a malheureusement disparu à Laval comme ailleurs : la visite des pauvres prisonniers. Sur l'invitation de l'aumônier de la prison, M. l'abbé Favrolle, neuf de nos Confrères s'engagèrent à visiter à tour de rôle et à époques fixes, les prisonniers détenus alors en grand nombre au vieux château de Laval. Pendant de longues années ils allèrent leur porter, avec quelques secours matériels, l'aumône bien plus précieuse des consolations de la religion, renouvelant ainsi sans bruit et sur le même théâtre les actes que la charité avait inspirés autrefois, à l'époque de la Terreur, à cette sainte demoiselle Loyant, dont le nom est encore en vénération à Laval.

• Tous les soirs aussi des cours étaient faits par nos Confrères au Patronage, à l'usage des apprentis et des écoliers. Plus tard ces cours du soir s'adressèrent à un autre auditoire, lorsque l'Œuvre des soldats, fondée en 1854, vint se réunir au local de la Conférence.

Je ne sais si toutes ces Œuvres entraînaient alors des dépenses plus élevées qu'aujourd'hui. La principale origine des ressources était déjà la loterie. Il paraît que le tirage s'en faisait alors avec un éclat et un appareil que nous ne lui connaissons plus. En 1857 et les années suivantes l'exposition des lots et le tirage de la loterie avaient lieu en grande pompe dans la salle de la Mairie de Laval (1), et y attirait un tel concours, que, d'après le récit d'une de nos plus anciennes bienfaitrices, la foule faisait queue plu-

(1) M. Blanchet était alors Maire de Laval.

sieurs heures à l'avance, et les personnes de la plus
haute société n'hésitaient pas à se faire garder leurs
places. Les autorités favorisaient de tout leur pouvoir cette Œuvre de bienfaisance, et le Préfet de la
Mayenne ajoutait à l'autorisation administrative une
offrande personnelle de 300 francs. Que les temps
sont changés, Messieurs !

Le grand évènement qu'a marqué pour notre pays
de la Mayenne l'année 1855, la création du diocèse
de Laval et l'arrivée de Mgr Wicart, ne pouvait trouver nos Confrères indifférents. Pour beaucoup d'entre
eux l'institution du nouveau diocèse était non seulement la réalisation de leurs vœux les plus chers,
mais aussi le couronnement de leurs longs efforts.
Dans la Commission formée depuis plusieurs années
parmi les notables de la Mayenne pour obtenir des
autorités religieuses et politiques la création d'un
évêché à Laval, la Conférence de Saint-Vincent-de-
Paul était dignement représentée. L'éminent histo-
rien de la *Vie de Mgr Wicart et de la fondation de
l'évêché de Laval,* qui était alors à la fois le Secrétaire de cette Commission et le Vice-Président de la
Conférence, ne doit pas l'avoir oublié.

A peine installé sur le nouveau siège épiscopal de
Laval, Mgr Wicart voulut bien se ressouvenir des
relations qu'il avait déjà eues avec notre Œuvre, à
Lille comme à Fréjus. Il vint visiter de bonne heure
la Conférence, prit même l'habitude d'y revenir souvent et se plut à la combler de ses bienfaits pendant
tout le cours de son long épiscopat.

Par suite du développement de ses œuvres et de l'augmentation du nombre de ses membres, notre Conférence en était venue alors à se demander comment elle pourrait encore s'accroître. On comprit à ce moment à Laval, comme on l'avait depuis longtemps compris à Paris et ailleurs, que là où une seule Conférence ne suffisait plus, il était opportun d'en avoir plusieurs. Je ne dirai pas toutes les discussions que souleva ce projet de scission; mais, après de longs pourparlers, la grande question fut tranchée dans la séance du 10 avril 1858, et un vote solennel consacra cette division. Les conclusions du rapport de M. Stéphane Couanier de Launay furent adoptées et la création de deux Conférences, l'une sur la Trinité, l'autre sur Saint-Vénérand, fut votée. Dans la même réunion, avant de se séparer, nos Confrères procédèrent à l'élection du Président du futur Conseil particulier et (par 25 voix sur 26) chargèrent M. Charles du Bourg de ces fonctions.

Le Conseil particulier de Laval reçut son agrégation du Conseil général le 28 avril 1858; il s'était réuni pour la première fois le 21 avril, sous la présidence de M. Charles du Bourg. Outre son Président, il comprenait neuf Membres (1) qui représentaient le bureau des deux Conférences. Ce Conseil s'assemblait tous les premiers dimanches du mois; il avait sous sa

____

(1) Le Conseil particulier se composait de MM. Charles du Bourg, président, Pont, Stéphane Couanier, Lamberdière, Gadbin, Charles Letourneurs, de Saint-Cyr, Chartier, de Montecler et Baptiste Couanier.

direction les Œuvres générales et le Patronage. Les deux Conférences se réunissaient pour les fêtes de la Société, les Assemblées générales et les messes de *Requiem*.

Au moment même de la création du Conseil particulier, le propriétaire du local occupé par le Patronage au coin de la ruelle du Lycée ayant repris son terrain, il y eut un moment d'embarras, pendant lequel la Conférence de la Trinité tint un instant ses séances chez son Président, M. Stéphane Couanier, rue Renaise. Heureusement presqu'aussitôt on trouva un autre terrain au milieu de la même ruelle du Lycée, dans un emplacement correspondant actuellement au n° 5 de la rue Flatters, et qui sert en partie de chantier à un marchand de bois. C'est là qu'on installa le Patronage, et que la Conférence de la Trinité vint siéger.

La Conférence de Saint-Vénérand se réunissait dans un local prêté par les Sœurs de la Miséricorde. C'était précisément l'appartement que Mgr Bouvier, ancien évêque du Mans, avait autrefois l'habitude de venir occuper lors de ses fréquents séjours à Laval. Le Président de cette Conférence de Saint-Vénérand était M. Baptiste Couanier.

Il y a, Messieurs, dans notre histoire, des noms prédestinés : les deux Présidents se trouvaient être les deux cousins, dignes émules à la tête des deux branches de la même Œuvre.

La fin de l'année 1858 vit la création parmi nous d'une Œuvre importante, qui a prospéré à Laval avec un cachet tout particulier, l'Œuvre des loyers fondée par M. Gadbin. Je ne chercherai pas à faire ici l'éloge de la caisse des loyers en présence de son directeur actuel, qui ne comprendrait pas, dans sa grande modestie, qu'on insistât sur tout ce qu'a accompli son zèle depuis trente ans.

L'année suivante 1859 vit disparaître l'Œuvre des soldats, à laquelle nos Confrères s'étaient dévoués depuis 1854, en faisant tous les soirs, soit chez les Frères, soit au local du Patronage, des cours à l'usage des soldats de la garnison. Le départ de nos troupes pour la campagne de Crimée vint enlever à cette Œuvre sa raison d'être.

Par contre, à la même époque, remonte la fondation de l'Œuvre de Beauregard, par M. Guays des Touches, qui ne cessa pas pour cela d'être comme auparavant un des membres les plus actifs de la Conférence. Il n'est donc que juste de le rappeler ici, la belle œuvre de Notre-Dame de Beauregard est née de la charité d'un disciple de saint Vincent de Paul.

Quelques mois après le local du Patronage fut utilisé provisoirement pour recevoir la Psallette de la Cathédrale, fondée par Mgr Wicart, jusqu'à ce que cette Œuvre si intéressante put s'installer définitivement rue des Chevaux.

Nous arrivons aux évènements qui devaient arrêter en pleine prospérité la marche de notre œuvre. Ce n'est pas le lieu de faire l'historique des mesures auxquelles le ministère de M. de Persigny a attaché son nom, ni de la crise qui entraîna en 1861 la suppression de la Société de Saint-Vincent-de-Paul en France. A Laval, l'administration mit comme ailleurs la Conférence en demeure de se faire régulièrement autoriser. Vous vous souvenez, Messieurs, que l'une des conditions de cette autorisation était l'obligation pour chacune des Conférences de rompre avec la direction du Conseil général à Paris. Les procès-verbaux du Conseil particulier de Laval. sont très sobres de détails au sujet de la discussion de cette question importante. Le Conseil résolut d'en déférer à une réunion plénière des deux Conférences de la ville. Cette réunion plénière eut lieu ruelle du Lycée, au mois d'août 1861 : la conduite à tenir en présence des exigences de l'administration y fut longuement discutée. A la fin le parti de la fidélité au Conseil général, représenté surtout par MM. du Bourg, Couanier et de Saint-Cyr, l'emporta, et la réunion décida de ne pas solliciter une autorisation offerte dans ces conditions.

C'était la dissolution de leur Œuvre que nos Confrères avaient acceptée ainsi, avec bien des regrets. Aussi, lorsque au mois de décembre 1861, la dissolution de la Société de Saint-Vincent-de-Paul fut décrétée pour toute la France, il y avait déjà quelque temps que nos Conférences de Laval n'existaient plus.

Ici s'arrête, Messieurs, la première partie de l'histoire de notre Œuvre, que nous verrons bientôt renaître plus vivante que jamais fortifiée par les épreuves de la persécution.

II

L'interruption des Conférences de Saint-Vincent-de-Paul, à Laval, dura plus de trois ans. Le Patronage avait disparu avec elles.

Cependant, un de nos Confrères les plus dévoués, que nous sommes heureux d'avoir aujourd'hui avec nous, ne pouvant se résoudre à voir se disperser le petit troupeau de ses chers ouvriers, entreprit d'abord à lui seul de les retenir. Il recueillit pendant quelque temps, dans son appartement, un certain nombre de ces enfants auxquels il continuait chaque soir, avec l'aide de M. Lamberdière, leurs cours accoutumés. Puis, dans les derniers mois de l'année 1861, nos deux Confrères obtinrent de Mgr Wicart la permission de s'adjoindre un ecclésiastique de notre ville (1) au nom duquel on demanda l'autorisation préfectorale pour ouvrir de nouveau le Patronage. Livrés à leurs seules ressources, ces Messieurs reprirent possession du local de la ruelle du Lycée, et y rappelèrent la plupart des anciens ouvriers et apprentis de la Conférence. Tout était à créer, sans aucun aide. C'est ainsi que les jeunes ouvriers parvinrent à reconstruire l'oratoire privé du Patronage, en prenant chaque soir, après leur journée, quelques heures sur leur repos. — Cependant l'Œuvre reposait uniquement, au point de vue admi-

(1) M. l'abbé Garreau.

nistratif, sur la personne de l'aumônier volontaire. Aussi, au bout de quelques mois, la retraite de cet homme dévoué mit-elle brusquement fin à leur généreuse entreprise.

Cependant nos Confrères n'avaient point abandonné tout espoir de relever leur chère Conférence. En février 1864, M. du Bourg fit le premier des démarches auprès de Mgr Wicart pour le prier d'obtenir de l'administration mainlevée de l'interdiction qui pesait sur la Conférence de Saint-Vincent-de-Paul. Mgr Wicart avait trop à cœur le bien d'une Œuvre qu'il aimait tant pour s'y refuser. Il chargea son frère, M. l'abbé Wicart, vicaire général, de traiter la chose auprès du préfet. Mais les négociations traînèrent en longueur, et l'année 1864 se passa sans résultat. De son côté, M. du Bourg ne s'arrêtait pas : il avait reçu l'adhésion de la plupart des anciens Membres, et il avait tout préparé pour que la Conférence pût se réunir dès l'arrivée de l'autorisation qu'il espérait toujours.

Cette situation aurait duré longtemps, lorsqu'un changement de préfet (1) vint permettre à l'un des plus anciens Membres de l'Œuvre, M. le docteur Levesque de la Bérangerie, de reprendre les démarches sur une autre base. Mieux placé que M. du Bourg pour être *persona grata* auprès de la nouvelle administration préfectorale, M. de la Bérangerie put obte-

---

(1) M. Poriquet avait remplacé le 2 février 1865, M. Bellurgey de Grandville comme préfet de la Mayenne.

nir ce qu'on avait refusé à notre ancien Président dont la conduite ferme et digne n'était point oubliée en haut lieu. Le préfet cependant, en promettant l'autorisation demandée, fit savoir qu'il se réservait d'approuver le choix du Président. Quoique cette condition fut contraire aux usages de la Société, M. du Bourg ne voulant pas que sa personnalité devînt un obstacle, se mit généreusement de côté. La demande d'autorisation fut donc adressée au préfet de la Mayenne au commencement de février 1865 au nom de M. le docteur de la Bérangerie. Cette autorisation fut accordée de suite, mais elle ne faisait mention que d'une seule Conférence.

Le 18 février 1865, M. du Bourg réunit les membres des deux anciennes Conférences, pour leur exposer le résultat de ces démarches. Puis, donnant un bel exemple d'abnégation, il déclara que ne voulant pas être une entrave à la reconstitution de l'Œuvre, il se retirait de son plein gré, tout en promettant de ne point l'abandonner comme simple membre. En effet, jusqu'à sa mort, en 1886, M. du Bourg continua d'être l'un de nos plus généreux bienfaiteurs.

Dans cette première séance, qui réunissait plus de trente anciens Confrères, la reconstitution de la Conférence fut votée, et de suite assurée d'une manière effective puisque la quête de cette première réunion produisit une somme de 1,016 fr. (1).

(1) Etaient présents : MM. Ch. du Bourg, de la Bérangerie, de Montecler, Migorel-Lamberdière, Sarazain, Chartier, B^te Couanier, Morin, Ch. Letourneurs, Sebaux, Gaston de Vaujuas, Léon de

Huit jours après, la Conférence procéda à l'élection de son bureau. M. de la Bérangerie fut nommé Président, MM. de Montecler et Lamberdière, Vice-Présidents, M. Sarazain, Secrétaire, et M. Chartier, Trésorier.

M. de la Bérangerie prit vivement à cœur le développement de l'Œuvre. Pratiquant depuis de longues années la médecine à Laval, il avait appris mieux que personne à connaître les misères et les besoins des pauvres dont il était le serviteur dévoué. En peu de temps la Conférence fut donc réorganisée. Un nouveau local fut trouvé en face de l'ancien, dans la même ruelle du Lycée, dans un terrain suffisamment grand où M. Bastard, le fabricant de meubles, avait élevé des constructions assez imparfaitement appropriées pour recevoir le Patronage qui pourtant y est resté dix ans (1).

Mgr Wicart vint lui-même assister à l'une des premières réunions de la Conférence le 11 mars 1865. Et dès la fin de la même année, lorsque Sa Grandeur revint présider la séance solennelle de décembre, nos Confrères furent tout fiers de lui présenter le bilan suivant des œuvres accomplies par leur zèle en si peu de temps :

Il y avait cent neuf familles visitées ; la Caisse des

Vaujuas, Guet, de Rouffigny, Boullevraye, Guays des Touches, Dupont, Desaint, Dupuis, Rusca, de la Perraudière, d'Aubert, Pestre, etc.

(1) Ce local est actuellement occupé par M. Richard, fabricant de chaussures, rue Flatters.

loyers était relevée, le Vestiaire reconstitué, le Patronage était florissant. En tout une somme de 6,244 francs avait été dépensée. Du premier coup la Conférence était arrivée à faire aussi bien qu'autrefois.

Le Patronage fut ouvert le 15 octobre 1865, sous la présidence de M. Charles Letourneurs et la vice-présidence de M. le marquis de Causans. Il fut convenu que la nouvelle Œuvre serait un Patronage d'apprentis seulement. Le règlement adopté alors est encore en vigueur; nous avons pourtant à regretter la suppression des cours du soir qui ont disparu peu à peu.

Il y avait un peu plus d'un an que la Conférence était ainsi reconstituée, lorsque M. le docteur de la Bérangerie mourut après quelques jours de maladie, le 12 mai 1866. Mgr Wicart, frappé de la perte que venait de faire notre Œuvre, tint à prononcer luimême l'éloge du défunt, à la première séance générale qu'il vint ensuite présider, comme il avait coutume de le faire tous les ans.

Dès le 26 mai 1866, nos Confrères se réunissaient pour donner un successeur à M. de la Bérangerie. M. le marquis de Causans fut élu. Après avoir présidé pendant près de trois ans la Conférence avec le plus grand dévouement, M. de Causans, forcé par des raisons de famille d'habiter Paris pendant la plus grande partie de l'année dut, au commencement de 1869, confier la direction de l'Œuvre à ses Vice-Présidents, MM. de la Broise et Lamberdière, puis enfin l'abandonner tout à fait.

L'élection de son successeur n'eut lieu que le 6 mars 1869. Ce jour-là M. Charles Letourneurs fut élu Président de la Conférence. Vous ne me demanderez pas, Messieurs, de faire ici longuement l'éloge de M. Letourneurs, le souvenir de tout ce qu'il a fait pour notre OEuvre pendant les dix-huit ans qu'il l'a dirigée, suffira bien je pense.

Lorsqu'éclata la guerre de 1870, nos Confrères comprirent dès le premier jour ce que les évènements allaient demander à leur charité. Dès le début, la Conférence envoyait une somme importante au Conseil général qui avait ouvert une souscription en faveur des soldats blessés. Plus tard, quand vinrent les malheurs de la France, plusieurs de nos Confrères n'hésitèrent pas à faire un sacrifice bien plus grand, et, chaque semaine, la Conférence dut apprendre le départ de quelques-uns de ses plus jeunes membres qui allaient rejoindre leur poste de combat à l'armée, souvent dans l'héroïque phalange des zouaves pontificaux.

Cependant, à Laval, les besoins devenaient plus pressants : un jour le trésorier vint annoncer que la caisse était à sec, et qu'il était dans l'impossibilité, par les évènements, de retirer de la Caisse d'épargne les fonds qu'aux jours prospères on y avait déposés. Le jour même grâce aux membres présents, la caisse du trésorier était assez garnie pour répondre aux exigences de toutes nos familles.

Lorsque les revers de nos armes amenèrent le théâtre de la guerre jusque dans notre pays, le bureau mit le local du Patronage à la disposition de l'autorité militaire pour en faire une ambulance. L'insuffisance des bâtiments ayant fait décliner cette offre, nos confrères se partagèrent dans les ambulances de la ville, encombrées des blessés de l'armée de la Loire, et installèrent au Patronage un fourneau économique. Pas une seule fois les séances de la Conférence n'ont été interrompues, et lorsque l'ennemi arriva aux portes de Laval, nos Confrères présents se trouvèrent réunis dans la foule qui entourait notre évêque, Mgr Wicart, allant demander à Notre-Dame d'Avénières le salut de la cité.

Parmi les braves tombés devant l'ennemi notre OEuvre peut compter deux de ses anciens membres, de Vaubernier et Maurice du Bourg, tous deux volontaires de l'Ouest, morts glorieusement à Auvours dans les circonstances que l'on sait.

A ces deux noms je dois ajouter ceux de deux illustres martyrs de la Commune qui, à divers titres, avaient appartenu à notre OEuvre : le R. P. Ducoudray, que des liens si intimes de parenté unissaient à notre président, M. Ch. Letourneurs, et le R. P. Alexis Clerc, qui avait été quelque temps, lors de son séjour à Saint-Michel, l'aumônier du Patronage. Aussi, l'année suivante, la Conférence fit célébrer à la Cathédrale, le 1er avril 1872, un service solennel pour le repos de l'âme du R. P. Ducoudray et de son compagnon, service à l'occasion duquel Mgr Sauvé prononça éloquemment l'oraison funèbre des nobles martyrs de la Commune.

Cependant l'activité de la Conférence dans les années qui suivirent la guerre dépassa ce qui avait été fait avant : le nombre des familles visitées fut toujours de plus de cent; en outre on inaugura deux nouveaux modes d'assistance bien précieux pour nos pauvres. D'abord les prix de propreté distribués par la Commission des familles, dont vous comprendrez, Messieurs, l'utilité, pour peu que vous vous rappeliez les habitudes des pauvres de Laval; puis la location des métiers à tisser fournis à bon compte par la Conférence aux familles qui voulaient apprendre à domicile à leurs enfants l'état de tisserand. Il est à regretter que ces deux ingénieuses combinaisons aient disparu avec le temps.

Le Patronage était l'œuvre de prédilection de M. Ch. Letourneurs. Pas une seule fois peut-être depuis 1869 jusqu'en 1888 il n'a manqué une de ses réunions, s'occupant lui-même du placement des apprentis, et apportant à la direction personnelle de chaque enfant une douceur et une bienveillance toutes paternelles.

C'est surtout dans les nombreuses attractions qu'il avait imaginées pour retenir au Patronage ses chers ouvriers, qu'il faut admirer son esprit pratique et son dévouement. D'abord les représentations dramatiques organisées au début beaucoup plus pour la distraction des acteurs improvisés que pour l'agrément des patients spectateurs; enfin et surtout les belles promenades à Grenusse dont vous avez tous conservé, Messieurs, le charmant souvenir.

Je ne m'étendrai pas sur le Patronage, car je serais peut-être obligé de parler de quelqu'un qui est ici. M. Ch. Letourneurs, après s'être donné tout entier à cette Œuvre, avait fait plus, en lui donnant ce qu'il avait de plus cher. Aussi lorsque, le 9 octobre 1875, les Membres de la Conférence apprirent le départ pour le Séminaire d'un jeune confrère qui, suivant les exemples de son père, avait été jusque-là l'âme du Patronage, personne ne fut surpris : mais tous voulurent s'unir aux sentiments de joie et de regrets à la fois que dut ressentir à ce moment M. Letourneurs, dans son cœur de chrétien et de père.

Le séminariste d'alors, vous savez, Messieurs, ce qu'il est devenu.... aussi je vous demande la permission de ne pas continuer : l'histoire du Patronage deviendrait un sujet trop délicat.

Je dois maintenant dire quelques mots d'une grosse affaire qui coûta à M. Letourneurs et à ses collaborateurs de longues années d'efforts. Dès le lendemain de la guerre, notre Président avait institué dans la Conférence une Commission chargée du choix d'une installation définitive. Ce n'est qu'après de longues négociations que la Commission du local put trouver le terrain que nous occupons ici, qui avait l'avantage d'être proche de la chapelle des Frères, alors en construction, dont on espérait faire la chapelle du Patronage. Encore fallut-il attendre plusieurs années que la mort de l'un des co-propriétaires vînt rendre possible l'acquisition de ce terrain, en septembre

1875. Dès le mois d'octobre, l'acte d'achat fut passé avec les propriétaires, Mlles Yvon, au prix principal de 11,000 francs. Aussitôt la Conférence en prit possession : les constructions s'élevèrent sur les plans d'un de nos Confrères, M. Landelle, et les frais furent rapidement couverts par une souscription entre les Membres et les principaux Bienfaiteurs de l'Œuvre.

La somme totale dépensée s'éleva à 26,000 francs, mais les bâtiments achevés en 1876 ne furent absolument complétés que lors de la construction du théâtre en 1884.

Une Société civile, constituée par acte reçu en 1876, par Me Dubois, notaire de la Conférence, devint légalement propriétaire de l'immeuble. Cette Société a reçu, en 1884, des modifications importantes pour répondre aux exigences nouvelles des lois fiscales. Cette organisation légale était l'œuvre de notre très dévoué Confrère, M. Vilfeu, ancien député de la Mayenne, le conseil éclairé de la Conférence et son insigne bienfaiteur. Le nouveau local du Patronage fut inauguré solennellement le 16 novembre 1876 en présence de Mgr le Hardy du Marais qui, aux débuts de son pontificat, avait voulu par sa présence et son concours effectif manifester sa bienveillance pour notre Œuvre.

Dans bien d'autres occasions le pieux évêque de Laval sut lui donner des preuves de sa sympathie. C'est ainsi que le 20 décembre 1879, grâce à Monseigneur de Laval, la Conférence eut l'honneur de recevoir S. E. le cardinal Mermillod, alors évêque de Genève. Cette séance du 20 décembre 1879 restera célèbre dans notre histoire, non seulement à cause de son importance, mais aussi par un fait bien rare dans les annales des Conférences. Nos Confrères, en présence de l'attrait immense exercé par l'éloquence de Mgr Mermillod, ne surent pas résister aux instances du dehors et, par dérogation aux usages, il fut décidé que les dames bienfaitrices seraient admises à la solennité. Cette décision ne fut pas adoptée sans être vivement discutée par les anciens gardiens de nos traditions, et il ne fallut rien moins que l'intervention personnelle de Monseigneur de Laval pour trancher la question. Ce fut donc grâce à ce dernier que tous ceux qui tenaient à notre Œuvre eurent le bonheur d'entendre la parole éloquente du grand évêque.

L'année 1880 vint apporter à nos Confrères un douloureux sujet d'émotion. Les expulsions du 30 juin nous atteignaient tout spécialement, en privant à tout jamais le Patronage du concours de ses aumôniers habituels, les RR. PP. Jésuites, et principalement de son dernier aumônier, le R. P. Lallemand, qui depuis n'a pas heureusement tout à fait oublié le chemin du Patronage. Le service de l'aumônerie fut ensuite assuré par des directeurs du Séminaire, puis pendant longtemps par le concours dévoué des vicaires de Notre-Dame, auxquels nous en serons toujours reconnaissants. Cela dura jusqu'au jour où, devenu prêtre, notre cher ancien Confrère, M. l'abbé Paul Letourneurs, nommé Secrétaire de Mgr le Hardy du Marais, se consacra de nouveau au Patronage et en devint l'aumônier.

Les dernières années de la présidence de M. Charles Letourneurs ont été la période la plus brillante de la Conférence : sous son habile direction et grâce aux efforts de ses dévoués collaborateurs, elle semblait chaque jour se rajeunir et se renouveler. C'est en effet un vrai rajeunissement pour notre Œuvre que le grand évènement qui marqua pour elle l'année 1886, la fondation de la Conférence de l'Immaculée-Conception. La première idée de cette nouvelle Conférence appartient au R. P. Levatois qui, préoccupé, ainsi que plusieurs de ses collègues, du désir de faire faire aux élèves de notre beau collège catholique, même avant la fin de leurs études, l'apprentissage des Œuvres de charité, s'ouvrit un jour de son projet à deux des Membres du bureau de la Conférence. Le R. P. Supérieur du Collège ayant encouragé ce dessein, à la rentrée de Pâques 1886, le R. P. Levatois réunit ceux de ses élèves qui lui paraissaient les plus dignes, et les constitua de suite en Conférence. A la séance générale du deuxième dimanche après Pâques, le 9 mai 1886, ces nouveaux Confrères assistaient à notre réunion; nous leur cédions douze de nos familles, et il fut entendu que dans le début nous fournirions aussi les bons nécessaires, jusqu'à ce qu'ils fussent en état de se suffire à eux-mêmes. Ce dernier résultat ne se fit pas attendre : nos jeunes Confrères se mirent à quêter leurs camarades du Collège, et en peu de temps, ils réunirent de quoi assurer les ressources de leur petite Conférence, qui depuis n'a fait que prospérer.

Au commencement de 1887, il y avait dix-huit ans que M. Letourneurs était chargé de la direction de la Conférence. A le voir y apporter la même régularité qu'au premier jour personne, en dehors de ses fils dévoués, ne pouvait savoir les souffrances que lui causaient les misères de la vieillesse et de son triste état de santé. Aussi ce fut une surprise pour tous lorsque le 19 mars 1887, notre cher Président adressa sa démission à l'un de nos Vice-Présidents, M. Pépion. La seule chose qui parut lui adoucir un peu la douleur de cette séparation était la pensée de pouvoir prendre part comme simple membre aux réunions de cette œuvre qu'il aimait tant. En effet, pendant quatorze mois encore M. Ch. Letourneurs put assister à nos séances et continuer à diriger son cher Patronage. Le 24 août 1888 notre ancien Président, dont la santé était depuis quelque temps de plus en plus ébranlée, fut pris, au courant d'une de ses visites à son château de Grenusse, d'un mal subit qui le terrassa. On n'eut que le temps de l'installer sur un lit dressé à la hâte dans le grand salon, aux pieds de la statue si connue du R. P. Ducoudray. C'est là qu'entouré de tous ses enfants et petits-enfants, il s'endormit du sommeil du juste, après avoir reçu, par le ministère de son propre fils, les suprêmes consolations de la religion.

Je n'ajouterai rien, Messieurs, pour faire l'éloge de M. Ch. Letourneurs : la reconnaissance de ceux qu'il avait tant aimés et tant assistés dans notre œuvre s'en est chargée (1). Je n'en veux pour preuve que les sentiments que conservent au fond de leur cœur tous les ouvriers du Patronage.

Ici, Messieurs, doit s'arrêter ma tâche. Depuis la mort de M. Letourneurs, la Conférence de Laval a le droit de s'enorgueillir d'avoir marché toujours avec confiance dans la voie que nos aînés lui ont si bien tracée.

Quelques années après la fondation de notre Société, Frédéric Ozanam, en parlant de ses premiers Collaborateurs que Dieu avait déjà rappelés à lui, s'écriait : « Nous devons avoir maintenant toute » une Conférence en Paradis! » N'est-ce pas notre devoir, Messieurs, en terminant, de donner un souvenir à tous ceux de nos Confrères de Laval, qui depuis cinquante ans, ont été grossir cette Conférence du Ciel dont parlait Ozanam? Tout en priant pour eux, nous fêterons aujourd'hui ceux de nos premiers fondateurs que nous avons le bonheur de posséder encore au milieu de nous. Que ce jour des Noces d'or soit aussi leur fête, et que ce retour sur un passé qui leur est cher, nous permette de leur

(1) Cf. Discours de Constant Dupont à ses camarades du Patronage. (*Semaine religieuse* du 8 septembre 1888.)

offrir l'expression de notre respectueuse et bien sincère affection.

MONSEIGNEUR,

Je viens de rappeler, un peu longuement, peut-être,
le passé de notre Conférence; il appartient à Votre
Grandeur de lui parler de l'avenir. Daignez, Monseigneur, relever notre ardeur en nous montrant le but
à atteindre. Notre Œuvre est la plus ancienne de
toutes les œuvres analogues du diocèse; elle doit à
l'avenir former comme une réserve de l'élite des
hommes de foi et d'action. C'est dans nos rangs que
vous trouverez, Monseigneur, ces troupes fraîches
dont parlait le général de Sonis à la Conférence de
Limoges, quand il s'écriait :

« Dieu attend, et c'est vous, Messieurs, qu'il at-
» tend! — C'est vous qui devez venir au secours de
» l'Eglise, c'est vous qui devez panser les plaies sai-
» gnantes de son cœur et guérir, s'il se peut, l'âme
» malade de la France! »

Après la lecture de ce rapport, chaleureuse-
ment applaudi, Monseigneur donne la parole à
M. Félix Bonnet, Membre du Conseil général de
la Société, qui installe, au nom de M. le Président général, les Membres du Conseil central de
Laval dans leurs nouvelles fonctions.

Avant de proclamer leurs noms, il s'exprime ainsi :

MONSEIGNEUR,

Je veux avant toutes choses exprimer devant cette Assemblée notre profonde et respectueuse gratitude pour Votre Grandeur. A peine entré dans votre diocèse, vous étendiez votre sollicitude pastorale sur les intérêts de la Société de Saint-Vincent-de-Paul, et c'est grâce à votre haut et bienveillant appui que le Conseil général a pu enfin réaliser un projet cher à son cœur : je veux parler de l'institution de ce Conseil central qui prend corps et vie aujourd'hui.

MESSIEURS ET CHERS CONFRÈRES,

Vos vœux étaient conformes aux nôtres, et vous êtes aussi heureux que nous de les voir si bien remplis. Votre Conseil central se compose, en effet, de toutes les forces vives de la Société dans ce diocèse. Chaque Conférence, chaque grande Œuvre y est représentée par son digne Président. Et à la tête de ce bataillon d'élite marchent ceux que notre respect et votre confiance avaient depuis longtemps désignés, mais qui luttaient entre eux de modestie, comme ils luttent de générosité en toutes choses : M. de la Perraudière d'abord, que je proclame votre Président, au nom du Conseil général. Il est de ces hommes que leurs œuvres seules peuvent louer dignement.

Ces œuvres qui se sont ajouté les unes aux autres pendant de longues années de services (je veux parler du service de Dieu et des pauvres), vous les connaissez aussi bien que moi. Il a déjà fait beaucoup pour notre Société, il veut faire plus encore, en acceptant les fonctions de Président du Conseil central : je l'en remercie en votre nom comme au nom du Conseil général. A côté de lui marchera au sein du Conseil central comme au sein de la Conférence de Laval, son Président si actif et si dévoué, M. Bucquet. Ce nouveau Conseil formera, pour l'honneur de ce diocèse et pour la vie de nos œuvres, un *décemvirat* plus fécond et plus heureux que tous ceux dont nous parle l'histoire.

Les autres Membres du Conseil central sont : MM. d'Argencé, docteur Sauvé, comte de Croüy, l'abbé Chelle, Joseph Letourneurs, Panneau, Legouey et Chauvin-Baci, *secrétaire-trésorier*.

Et maintenant je ne veux pas prolonger davantage votre attente. Je cède la parole à M. de la Perraudière, Président du Conseil central.

M. de la Perraudière s'exprime en ces termes :

Messieurs,

Le vœu du Conseil général de la Société de Saint-Vincent-de-Paul, vœu qui était aussi celui de Sa Grandeur Monseigneur l'Evêque de Laval, vient d'avoir aujourd'hui sa réalisation : un Conseil central diocésain est inauguré, et vous venez d'entendre M. Bonnet, que je remercie d'avoir bien voulu remplacer M. Antonin Pagès, notre Président général (retenu loin de nous par l'accomplissement d'un devoir social), pour proclamer ici les noms des membres composant le Conseil central.

Cette nomination est pour nous un titre d'honneur : et voilà pourquoi je me fais l'organe de tout le Conseil pour adresser de très sincères remerciements à ceux qui nous ont choisis.

Mais, par ailleurs, Messieurs, c'est une charge et un devoir nouveaux qui nous incombent et que nous avons acceptés. Pour les remplir convenablement, et avec l'espoir de quelque profit pour tous, il nous faudra d'abord la grâce de Dieu, que nous implorerons : en second lieu la bienveillance charitable et confiante de nos Confrères des différentes Conférences diocésaines. Le concours empressé et si nombreux qu'ils ont apporté à la réunion de ce jour nous est un puissant encouragement, et nous fait concevoir, l'espérance fondée que toujours et dans tous nos rapports la cordialité, l'aménité, la douceur des relations existeront entre nous, et demeureront, nourries et fortifiées par la fraternelle et véritable charité, recommandée aux disciples de saint Vincent de Paul.

C'est une heureuse coïncidence, Messieurs, qui fait concorder l'inauguration du Conseil central avec la célébration du cinquantenaire de la fondation d'une Conférence de Saint-Vincent-de-Paul, à Laval.

Cette date du 29 novembre 1890 restera doublement inscrite désormais dans nos annales.

Et par une bonne fortune toute spéciale, il nous est donné de compter parmi les témoins de notre fête quatre des fondateurs même de la première Conférence de cette ville. C'est avec un vrai bonheur que je vous donne leurs noms : M. Campeaux-Desaint, toujours membre actif, en 1890 comme en 1840, et continuant, comme par le passé, l'assistance habituelle à nos séances hebdomadaires et la visite des familles à domicile; et puis M. Paul Courte de la Goupillière, membre honoraire de la Conférence qu'il aime toujours et qu'il continuera de soutenir par ses largesses. Les deux autres vétérans de notre Œuvre qui, à leur regret et à notre plus vif regret encore, n'ont pu assister à la présente réunion, sont M. Alfred Courte de la Goupillière, lui aussi membre honoraire très particulièrement dévoué, que son fils représente au milieu de nous, parmi nos membres actifs les plus assidus; enfin notre doyen vénéré, M. Baptiste Couanier, dont tous les membres de la Conférence connaissent les générosités annuelles et la profonde modestie.

Au nom de tous nos Confrères, j'adresse un salut et un souvenir à ces premiers pionniers de notre Société.

Dans cinquante ans d'ici, Messieurs, ce sera le centenaire de la Conférence que l'on célébrera. Je désire qu'en 1940, bon nombre de nos jeunes Confrères actuels soient à leur tour présents à la fête

d'alors ; et qu'ils puissent de vive voix redire à ceux
dont ils seront devenus les aînés le récit et le double
souvenir de la journée d'aujourd'hui. C'est un conseil
que je leur donne, et c'est un souhait que je leur
adresse.

Après le discours de M. de la Perraudière, il
restait à demander à chacune des autres Conférences du diocèse de nous donner quelques ren-
seignements sur leurs Œuvres et leur état actuel.

M. d'Argencé, Président de la Conférence de
Mayenne, M. le docteur Sauvé, Président de la
Conférence de Château-Gontier, M. le comte de
Croüy, Président de la Conférence d'Ernée, don-
nent successivement lecture des rapports sui-
vants :

*Rapport de M. d'Argencé, Président de la Confé-
rence de Mayenne.*

MONSEIGNEUR,
    MESSIEURS ET CHERS CONFRÈRES,

La Conférence de Saint-Vincent-de-Paul de Mayenne
est heureuse de l'invitation que vous lui avez adressée, ainsi qu'aux autres Conférences du diocèse,

pour assister à l'installation d'un Conseil central au chef-lieu. Elle est heureuse aussi d'unir ses vœux aux vôtres pour célébrer le cinquantenaire de la Conférence de Laval, et de venir puiser au milieu de vous les conseils et les encouragements dont elle a si souvent besoin.

Notre Conférence, plus jeune que celle de Laval, existe depuis le mois de mai 1850; elle a souvent éprouvé de grandes difficultés de recrutement, en partie causées par les époques troublées que nous traversons; mais la Providence a eu pitié de nos efforts, et, malgré les multiples associations charitables et chrétiennes qui existent à Mayenne, le nombre de nos Confrères s'est sensiblement accru; nous avons été particulièrement heureux de souhaiter la bienvenue p rmi nous à plusieurs jeunes gens.

Notre Société compte en ce moment vingt-neuf membres actifs inscrits, et treize membres honoraires; malheureusement nous avons éprouvé cette année de sensibles pertes; M. Charles Trouillard, avocat, ancien Président de notre Œuvre, dont les conseils et le dévouement ont si souvent relevé notre courage, nous a été enlevé en juillet dernier; MM. Le Châtelain, ancien député, et Barbier, Membre de la Fabrique de Notre-Dame, sont également décédés dans l'année.

Depuis cette époque, la Conférence a reçu MM. Edmond Leblanc, Ludovic Gouault, Gilard, Simon, Le Moore, Moreau et Maurice de la Motte. Nous visitons chaque semaine cinquante familles le Petit Séminaire de

Mayenne vingt-cinq, au total soixante-quinze familles.

La Conférence du Petit-Séminaire, si bien dirigée par ses professeurs dévoués, nous est d'un grand secours; nous sommes heureux de trouver auprès de ces jeunes auxiliaires, l'activité et le dévouement nécessaires au placement de nos billets de Loterie, dont nous partageons le produit.

Une des grandes consolations de notre Œuvre, c'est le succès que nous avons quelquefois obtenu auprès des malheureux déshérités auxquels nous portons nos secours, soit par le placement de leurs enfants dans des maisons chrétiennes, soit par les conseils que nous leur donnons pour les aider à supporter avec patience leur misère; c'est ainsi que deux exemples de reconnaissance et de remerciements se sont présentés cette année dans les familles visitées par la Conférence.

Dernièrement, nous avons eu le bonheur de contribuer, avec l'appui d'une Conférence de Tours, à régulariser un mariage.

Notre petite bibliothèque, que nos ressources trop limitées nous empêchent d'augmenter, est cependant fréquentée par un certain nombre de parents et d'enfants secourus par la Conférence.

Notre situation financière présentait, au 15 novembre 1890, un total de recettes de 3,133 fr. 95; les dépenses à la même date se sont élevées à 1,848 fr. 75.

Tel est, Monseigneur, le bilan de notre Œuvre; nous espérons que Dieu voudra bien continuer de bénir nos efforts.

Rapport de M. le docteur Sauvé, Président de la Conférence de Château-Gontier.

MONSEIGNEUR,
MESSIEURS ET CHERS CONFRÈRES,

La Conférence de Saint-Vincent-de-Paul de la ville de Château-Gontier, invitée d'une manière si gracieuse par ses Confrères de Laval, s'est empressée de répondre à leur appel et de venir célébrer en famille les Noces d'or de cette chère Conférence à laquelle nous portons tous un vif intérêt.

Que vous dirai-je, Messieurs et chers Confrères, de notre modeste Conférence? Fondée en 1852, elle eut le malheur, après une circulaire restée trop célèbre, de se dissoudre pendant quelques années; mais, grâce à Dieu, elle fut reconstituée en 1866.

Le nombre des Membres actifs a peu varié depuis sa fondation; nous avons fait des pertes bien sensibles, de pieux et excellents Confrères ont disparu. Cependant notre nombre atteint le chiffre de dix-huit Membres actifs et une vingtaine de Membres honoraires, y compris MM. les Membres du clergé qui nous ont toujours soutenu de leurs conseils et de leur bienveillant appui.

Notre zèle a sans doute diminué, le poids des années s'est fait sentir et nous n'avons plus cette ardeur juvénile si nécessaire pour la réussite des Œuvres. Ce qui manque à nos Conférences, surtout dans les petites villes, c'est la présence des jeunes gens, qui ne comprennent pas tous l'utilité des bonnes œuvres.

La Conférence visite quarante et quelques familles, choisies parmi les plus nombreuses et les plus malheureuses; elle s'occupe spécialement de la visite des pauvres, de l'œuvre du vestiaire, des *Petites lec-tures*, des almanachs et enfin elle a fondé, à la suite d'une mission prêchée par les RR. PP. Capucins, l'œuvre si importante du Patronage des enfants, sous le vocable de saint Joseph, et qui donne d'excellents résultats, grâce au zèle et au dévouement d'un de nos Confrères qui consacre tout son temps à cette Œuvre.

Elle est dirigée par un vicaire de Saint-Jean, et ce fut M. l'abbé Ledru qui en fut le premier Directeur; puis M. l'abbé Lemaître, aujourd'hui vicaire général, lui succéda et lui imprima une vie toute nouvelle en gagnant les cœurs de ses chers enfants et en leur donnant une direction toute particulière.

Elle est dirigée actuellement par M. l'abbé Maréchal, qui lui consacre presque toute la journée du dimanche. Il a su conquérir rapidement la confiance et l'affection des enfants, et, grâce à son dévouement, l'Œuvre du Patronage Saint-Joseph donne en ce moment des résultats satisfaisants : elle compte plus de cinquante enfants et, chaque dimanche, la moyenne des présents est de quarante environ. A la dernière retraite qui leur a été donnée, on a constaté avec bonheur la présence de quarante-cinq enfants :

Malgré les difficultés que présente la direction de cette Œuvre, il ne faut pas songer à l'abandonner.

Nos secours aux familles visitées par la Conférence consistent en bons de pain, de viande quand il y a des malades, des bons de graisse, des fagots et des vêtements que nous tâchons de leur distribuer d'une manière utile.

Depuis quelques années, la Conférence fait célébrer, dans le mois de novembre, une messe de *Requiem* pour le repos de l'âme des Confrères décédés et de tous les membres des familles visitées qui ont succombé dans l'année qui vient de s'écouler. Nous leur distribuons un secours extraordinaire pour les encourager à venir prier pour nos chers défunts. C'est un exemple qui sera suivi, nous l'espérons, dans plusieurs Conférences.

Nos ressources consistent dans une loterie annuelle, quêtes et souscriptions des Membres honoraires et bienfaiteurs; elles atteignaient au 1er janvier dernier le chiffre de 5,674 fr. 17, y compris celles du Patronage qui y figuraient pour la moitié. Les dépenses se sont élevées à 5,236 fr. 70.

Ces chiffres ne sont plus ceux que nous atteignions il y a quelques années, mais il faut tenir compte et des difficultés des temps que nous traversons et de la multiplicité des Œuvres de charité, dont la plupart se rattachent à la Société de Saint-Vincent-de-Paul que l'on peut dire être l'Œuvre-mère de toutes les Œuvres laïques de notre époque.

Vous le voyez, Messieurs et chers Confrères, par

ce court exposé, combien sont modestes nos travaux, et combien il nous reste à faire, pour marcher dignement sur les traces de nos aînés.

Cependant, malgré la faiblesse de nos ressources, et le peu de bien que nous pouvons faire, il ne faut pas se laisser aller au découragement, il faut rester insensibles aux défaillances.

Aimons donc toujours nos chères Conférences qui nous permettent de faire quelque bien et n'abandonnons jamais celle à laquelle nous appartenons. Luttons courageusement, comme des chrétiens doivent le faire, contre les difficultés qui peuvent surgir. Attachons-nous de plus en plus à cet esprit d'humilité de notre glorieux et saint patron dont la charité était inépuisable. Aimons-nous de plus en plus les uns et les autres, comme de véritables frères, et répétons en terminant ces paroles du Psalmiste : *Ecce quam bonum et quam jucundum, habitare fratres in unum.*

Rapport de M. le comte de Croüy, Président de la Conférence d'Ernée.

La Conférence d'Ernée a été fondée le 2 août 1853. Elle compta, dès le début, douze Membres actifs, dont trois actuellement survivants et dix Membres honoraires dont un seul survivant. Au bout de quelques semaines, dix-sept familles étaient inscrites pour être secourues.

La visite des pauvres à domicile a toujours été

pratiquée par les Membres de la Conférence, mais (il faut l'avouer), avec une exactitude un peu intermittente. Elle se fait en ce moment assez régulièrement, mais seulement une fois tous les quinze jours ; plusieurs de nos Confrères demeurant hors de la ville, à des distances variant de cinq à dix kilomètres, il a paru difficile à mes prédécesseurs et à moi-même de demander davantage.

La Conférence organisa, dès la première année de son existence, une œuvre dite du filage qui s'est longtemps maintenue : voici en quoi elle consistait. On achetait du lin brut ou poupée que l'on donnait à filer aux femmes âgées et inoccupées ; le fil était ensuite vendu par la Conférence, et le prix servait à racheter du lin et à payer le salaire des fileuses en raison de la quantité et de la qualité de leur travail. Cette œuvre avait l'avantage d'occuper des personnes désœuvrées, mais elle nécessitait une comptabilité et un travail de répartition assez délicats et compliqués qu'il avait fallu confier à un agent rétribué.

A mesure que l'usage de filer à la main disparaissait et que la mort ou l'absence faisait le vide parmi nos fileuses qui ne trouvaient pas de remplaçantes, l'œuvre marchait de plus en plus péniblement. Bien des fois notre fil ne trouva pas d'acheteurs, et en plusieurs occasions il arriva que la caisse de la Conférence se trouva vide pendant que son magasin était plein d'une marchandise qui se s'écoulait pas. Situation gênante pour notre caisse et pour nos pauvres.

A la suite d'un vote unanime émis en août 1866,

cette œuvre fut définitivement abandonnée, et j'estime qu'elle avait fait son temps.

En 1873, un essai de vestiaire pour les pauvres fut tenté, mais les vieux vêtements n'arrivaient pas en quantité suffisante, et l'on trouva plus expédient pour les familles de leur donner des bons de coupons de laine et de coton dont elles confectionnaient leurs vêtements à domicile.

Pendant les années 1873, 1874, 1875, 1876, la Conférence organisa des distributions de soupe qui se faisaient trois fois par semaine. Malheureusement, les Sœurs de l'hôpital ne pouvaient se charger de ce service, et il fallut le confier à des aubergistes choisis, il est vrai, parmi ceux qui nous inspiraient le plus de sécurité; mais ils ne purent résister à la tentation de profiter de la présence des pauvres qui venaient manger chez eux pour leur offrir aussi à boire, et il fallut supprimer ces distributions de soupe à cause des abus qui en résultaient et que nous ne pouvions empêcher. Une tentative d'organisation de caisse des loyers n'a pas non plus réussi. Les pauvres semblaient craindre de révéler les petites économies qu'ils avaient pu faire; et de fait, très peu de nos familles arrivent à épargner, et vivent presque toutes au jour le jour avec l'aide des personnes charitables de la ville ou du voisinage et le secours des bureaux de bienfaisance et de charité.

Nous croyons savoir que M. le Curé d'Ernée s'occupe des moyens d'établir un Patronage pour les jeunes ouvriers et apprentis. Si ce projet vient à se réaliser, nous ferons notre possible pour prêter à M. l'Archiprêtre d'Ernée le concours de notre bonne volonté et de nos personnes.

Les fêtes de notre Société sont assez régulièrement solennisées par l'assistance à la messe des Confrères qui peuvent s'y rendre; mais, depuis de longues années, nous n'avons tenu aucune Assemblée annuelle ni générale.

Quand j'ai eu l'honneur d'être nommé Président, mes Confrères plus anciens m'ont affirmé que plusieurs tentatives de réunir ces Assemblées avaient échoué par suite de certaines circonstances ou préjugés locaux.

Je n'ose affirmer que nous puissions encore à présent reprendre sur ce point important la tradition des Conférences, quoique je le trouve très désirable.

Vous voyez, Messieurs et chers Confrères, que l'histoire de notre petite Conférence n'est pas très brillante, et qu'elle se résume en une série d'échecs et d'insuccès.

Faut-il les attribuer en partie aux circonstances, ou bien à quelque défaut de zèle, de méthode ou de persévérance de notre part, Dieu seul le sait, mais nous devons, néanmoins, nous en humilier très sincèrement surtout en voyant les Œuvres importantes qu'ont su mener à bien les Conférences sœurs du département. Leur exemple nous préservera du découragement qui n'est bon à rien, et la bonne influence du Conseil central nouvellement fondé nous aidera à faire à l'avenir mieux et davantage que par le passé.

Voici quelques chiffres relatifs au personnel et au budget de la Conférence.

Ce sont ceux que nous avons envoyés au Conseil général à la fin de l'année 1889. J'ai pensé que notre exercice de 1890 n'étant pas encore clos, ne nous donnerait pas des chiffres représentant avec assez d'exactitude notre bilan annuel; et d'ailleurs la situation à la fin de 1890 différera très peu de celle qu'il nous reste à vous exposer ici.

Le personnel de la Conférence se compose du président, d'un vice-président, un secrétaire, un trésorier, en tout treize membres actifs et cinq membres honoraires.

La Conférence qui se réunissait autrefois à l'école des Frères a dû, pour leur éviter des tracasseries administratives, se transporter dans un local appartenant au Président. Les séances ont lieu le vendredi à 4 heures pendant la belle saison, et à 2 heures 1/2 pendant les mois d'hiver, afin de permettre aux Confrères éloignés de rentrer chez eux avant la nuit.

Les familles visitées sont au nombre de quatre-vingt-deux, recevant chacune de trois à six livres de pain par mois. Les secours de vêtements se distribuent surtout avant l'hiver ainsi que les sabots, et plusieurs jeunes garçons sont habillés à l'époque de la première communion. Nous donnons peu d'argent, mais souvent du lait pour les jeunes enfants, de la viande pour les malades et des objets de literie.

Nos recettes pour 1889, y compris le reliquat de 1888, se sont élevées à 1,700 fr. 70. Les dépenses de la même année ont atteint 1,317 fr. 30.

Avant de terminer, je crois être le fidèle interprète de la Conférence en offrant en son nom à Monseigneur l'Evêque de Laval l'hommage de notre respectueuse vénération, à M. le Président général par l'intermédiaire de celui qui le représente ici l'assurance de notre filial dévouement, et notre salut fraternel et affectueux à nos Confrères des Conférences de Laval, Mayenne et Château-Gontier.

Après ce dernier rapport, fréquemment interrompu par les applaudissements de l'Assemblée, vivement intéressée, la parole est donnée à M. Lefizelier, Vice-Président de la Conférence du Collège de l'Immaculée-Conception.

Rapport de M. Le Fizelier, Vice-Président de la Conférence de l'Immaculée-Conception.

MONSEIGNEUR,
MESSIEURS,

Dans cette digne Assemblée où nous sommes les plus jeunes, nous devrions nous taire, et si nous osons élever la voix, ce n'est que pour répondre à l'aimable invitation de M. le Président de la Confé-

rence de la ville. Ce n'est point, et c'est encore loin
d'être notre cinquantenaire; mais fondés depuis
quatre ans, nous avons été trop intimement liés à
notre aînée pour ne point nous réjouir avec elle aujourd'hui.

Nous appartenons à son histoire et sa modestie l'a
peut-être empêchée de tout dire. L'idée de fonder
une Conférence de Saint-Vincent-de-Paul au Collège
libre de l'Immaculée-Conception, n'a pu germer que
dans un milieu fécondé par une piété sincère; aussi
la trouvons-nous, cette première pensée, au sein de
la Congrégation de la très sainte Vierge.

Ces jeunes gens, nos devanciers, ont compris que
pour répondre au commandement de la charité,
ils pouvaient faire plus que donner leurs prières;
ils ont voulu y ajouter une aumône.

Timides dans leur demande, audacieux dans leur
entreprise, ils s'adressèrent au R. Père Supérieur.
Avec une prudence pleine de sagesse, il fit d'abord
quelques objections, mais en réalité, il était trop
heureux en voyant ainsi s'affirmer le bon esprit de
ses chers élèves. Il leur laissa ces deux mots :
« Courage et confiance. » Il ne restait plus à trouver
que les moyens d'arriver à leur but. Faibles comme
l'oiseau qui vient de naître, ils demandèrent à se
mettre sous la protection de la Conférence de Laval.
Celle-ci ouvrit généreusement ses bras, accueillit avec
bienveillance ses nouveaux frères, et leur donna
gracieusement les moyens de distribuer des secours.
Ils étaient vingt et un avec leur Directeur, ils avaient

dix familles à visiter. Heureux de pouvoir déjà se rendre utiles, empressés de faire le bien, aidés par leurs condisciples, qui tous auraient voulu voir et secourir les pauvres, ils allaient par les rues porter le pain de la charité.

Bientôt, se sentant plus forts, essayant leurs ailes, ils prirent leur vol. Ils sentaient qu'ils devaient plutôt aider leur sœur, que puiser dans ses ressources. Par un sentiment de délicatesse, peut-être aussi un peu de fierté, ils ont remercié leur aînée des secours qu'elle leur avait si généreusement donnés, mais ils n'ont pas voulu cesser de puiser près d'elle l'amour des pauvres et l'exemple de la charité.

Nos ressources ont suffi jusqu'alors à procurer un peu de bien-être à nos familles. Des bons de pain, de viande, de fagots, des vêtements ont soulagé leur misère, et chaque semaine elles attendent leurs jeunes visiteurs accompagnés de leurs maîtres dévoués, qui, malgré les exigences d'un laborieux professorat, s'empressent de se mettre à leur disposition. Tous ces secours, nous les trouvons dans le bon cœur de nos condisciples, toujours sensibles quand il s'agit de compassion, et généreux quand il s'agit de dévouement.

La joie de nos pauvres en nous voyant suffisait déjà pour satisfaire nos cœurs. Mais aujourd'hui, fiers d'être admis à cette aimable réunion, nous avons voulu venir tous, à ce banquet d'honneur, car nous savions y trouver, avec des protecteurs dévoués, des frères, auxquels nous sommes trop heureux de donner la main. Nous revivrons dans ceux qui viendront après nous ; un jour aussi nous aurons notre cinquantenaire et pour aider le pauvre, qui demeurera toujours, nous aurons constamment pour devise, ces deux mots de l'amour et de la foi : « Courage et confiance. »

Le rapport de la Conférence de l'Immaculée-Conception terminé, M. Bonnet adresse, au nom du Conseil général, l'allocution suivante à l'Assemblée :

MONSEIGNEUR,
MESSIEURS ET CHERS CONFRÈRES,

Je me rappelle avoir vu autrefois un prélat de pieuse et douce mémoire, Mgr de Ségur, monter dans une de nos grandes chaires de la capitale, et là tenir à ses auditeurs le discours suivant :

« Mes frères, vous vous attendiez comme moi à entendre aujourd'hui la parole éloquente du Père X... (prédicateur de grande renommée). Un obstacle imprévu l'empêche de remplir sa promesse. Votre déception est sans doute aussi grande que la mienne. Mais la Providence a pourvu à tout : je suis aveugle, et chacun des fidèles ici présents peut se retirer sans que je m'en aperçoive. »

Ce souvenir me revient à l'esprit au moment où je cherche en moi-même comment je pourrais m'excuser de remplir si mal la place que devait occuper ici notre cher Président général. Je dirai, moi aussi : grande est votre déception, non moins grande est la mienne.

Je ne puis, malheureusement pas pour vous, ajouter : je suis aveugle, pas même : je suis muet, puisqu'on m'ordonne de parler. J'aurais voulu, du moins, pour tout concilier, céder la parole à mon excellent collègue du Conseil général, M. Legendré, qui a bien voulu m'accompagner. Il a sur moi le privilège de la jeunesse et du talent ; j'ai celui de l'âge : il paraît que c'est encore celui-là qui doit l'emporter.

Je veux tout d'abord vous exprimer, mes chers Confrères, le profond regret qu'éprouve notre cher Président général de ne pas venir aujourd'hui au milieu de nous. Un devoir impérieux qui l'appelle aujourd'hui même dans une autre région a pu seul l'en empêcher. Personne plus que lui ne prodigue aux Conférences sa personne et son temps, aussi il se faisait une vraie joie de lier plus intimement connaissance avec vous, et de prendre part à la double solennité qui vous rassemble.

Je dis : la double solennité. C'est qu'en effet il n'est rien de plus heureux que la coïncidence entre ces deux évènements qui vous ont attirés ici : l'institution d'un Conseil central et la célébration des Noces d'or de la Conférence de Laval.

Je veux vous dire un mot de l'une et de l'autre.

Peut-être, mes chers Confrères, en est-il encore quelques-uns parmi vous qui ne saisissent pas bien le rôle que joue un Conseil central dans le fonctionnement de nos Œuvres.

Pour vous éclairer complètement à ce sujet, je me contenterai de vous lire l'article 1er du règlement qui a organisé les Conseils centraux : « Le Conseil central, dit cet article, représente dans sa circonscription le Conseil général, centre de la Société tout entière, et a la direction de tous les Conseils ou Conférences qui y sont établis ou à établir; il y maintient l'esprit et l'unité de la Société; il est intermédiaire naturel et ordinaire de la correspondance des Conseils et Conférences avec le Conseil général. »

Ainsi le rôle que remplit le Conseil central, c'est tout d'abord, comme l'indique son nom, d'être le *centre*, le point de ralliement des Conférences établies ou à établir dans sa circonscription. Remarquez cette double expression : établies ou à établir. C'est qu'en effet le Conseil central a pour première mission d'entretenir la vie dans les Conférences déjà existantes, et, en l'entretenant, ne craignez pas, mes chers Confrères, qu'il cherche à l'absorber en lui-même, et à la ramener des extrémités au centre. Au contraire, pour que chaque Conférence se conforme au règlement, il doit lui conserver avec un soin jaloux sa personnalité, la vie qui lui est propre, le libre recrutement de ses Membres, et, sauf un léger tribut payé au Conseil central, la disposition de ses ressources.

Mais, comme il est un lien vivant, un trait d'union entre les différentes Conférences de sa circonscription, il leur permet de se communiquer les unes aux autres le secret du bien qui se fait dans chacune d'elles, et d'entretenir ainsi entre elles une pieuse émulation.

Le règlement parle en second lieu de Conférences « à établir », et c'est à ce point de vue que l'utilité d'un Conseil central est peut-être plus manifeste encore. Pour savoir où on peut établir des Conférences, qui peut les établir, comment on peut les établir, ne faut-il pas, en effet, être sur les lieux, au centre du diocèse, pouvoir prendre conseil de l'autorité diocésaine, se mettre, de concert avec elle, en rapports avec MM. les Curés, juger à bon escient des éléments qui s'offrent pour une fondation nouvelle, découvrir ces éléments s'ils se cachent, écarter les obstacles qui se dressent devant eux, etc., toutes choses que le Conseil général, dans l'ignorance où il est des personnes et des lieux, est malheureusement impuissant à faire par lui-même.

Le Conseil central n'est pas cependant un juge souverain, un juge sans contrôle. Il est l'intermédiaire entre les Conférences et le Conseil général qui statue en dernier ressort sur l'agrégation des Conférences et sur toutes les questions graves qui les intéressent.

Une fois le rôle des Conseillers centraux bien connu, vous voyez immédiatement que la place d'un de ces Conseils était nécessairement indiquée à Laval, au centre de ce beau diocèse uni de longue date à la Société de Saint-Vincent-de-Paul par des liens qui iront tous les jours se resserrant davantage, à mesure que les Conférences se multiplieront dans son sein.

Est-il besoin de rappeler ces liens étroits, de vous remettre en mémoire l'histoire de vos Conférences, celle de la Conférence de Laval en particulier, après les si intéressants rapports que vous venez d'entendre.

Je dois cependant un mot tout particulier, un mot du cœur à cette chère Conférence de Laval, vieille de cinquante ans, et couronnée aujourd'hui du diadème de ses Noces d'or.

Vieille de cinquante ans, ai-je dit. Pourrait-on le croire, quand je vois devant moi deux de ses fondateurs, quand cette Conférence en compte deux autres encore, tous les quatre jeunes de cette jeunesse éternelle que procure la joie du bien accompli. Dites cela aux jeunes gens, Messieurs, pour les attirer parmi vous, dites-leur qu'ici on vit cinquante ans sans changer, sans vieillir. Oui, sans changer, car voilà que j'ai retrouvé dans les archives de notre Conseil général une lettre datée du 25 octobre 1840, il y a aujourd'hui cinquante ans, écrite au nom de la Conférence de Laval, et signée : Bucquet. Mon cher Président, vous nous avez parlé tout à l'heure, en leur rendant l'hommage qu'ils méritent, de ces noms qui depuis de longues années se perpétuent parmi vous. Vous n'en avez oublié qu'un.... comme toujours.... c'est le vôtre. Eh bien! je suis heureux de réparer publiquement cet oubli, en vous appliquant la règle : « *Qualis pater, qualis filius.* » Je puis même dire « *tales filii.* »

Dans cette lettre précieuse à conserver, je vois bien des preuves que depuis cinquante ans vous n'avez pas changé. J'y lis en effet :

« Au nombre et à la tête de ses Membres protecteurs, la Conférence a l'honneur de compter Mgr l'Evêque du Mans et notre illustre compatriote Mgr l'Evêque de Nantes (1) qui, se trouvant momentanément dans sa famille, a bien voulu honorer de sa présence une de nos réunions. »

Vous voyez que la protection de l'épiscopat s'est étendue sur vous dès le début; elle vous a porté bonheur, et ne vous a pas abandonnés depuis. Monseigneur vous en donne aujourd'hui un éclatant témoignage. Dans cette même lettre, je lis encore :

« Dès leur première réunion, ses membres ont résolu de se livrer de suite à l'œuvre la plus propre à l'exercice de la charité, je veux dire la visite des pauvres à domicile.... Aujourd'hui nous entrevoyons la possibilité de nous livrer à l'œuvre des apprentissages, et nous nous occupons activement de créer les ressources qui nous permettent d'entreprendre cette œuvre dont nous espérons de grands fruits dans notre ville. »

Nous pouvons donc célébrer aujourd'hui les Noces d'or non seulement de votre Conférence, mais aussi de cette belle œuvre du Patronage si florissante et si

____

(1) Mgr de Hercé.

prospère, et qui nous offre aujourd'hui une si large
et si gracieuse hospitalité.

Et maintenant, Messieurs et chers Confrères, laissez-moi vous exprimer, au nom du Conseil général,
un souhait bien cordial et bien sincère : Recrutez-
vous, recrutez-vous surtout dans les rangs de la jeunesse.

Je ne puis mieux faire, à ce sujet, que de répéter
ici les paroles qu'Ozanam prononçait à une de nos
Assemblées générales, le 12 décembre 1847 :

« Il est indispensable pour la Société, disait-il, de
se recruter parmi les jeunes gens. Il y a quatorze ans
que la Société existe, il ne faut pas qu'elle vieillisse
avec ses fondateurs, et que les pratiques de la charité deviennent une habitude routinière. La jeunesse
est utile par sa hardiesse, par ses imprudences même,
par les idées nouvelles qu'elle apporte, par les œuvres auxquelles on n'avait pas pensé et qui cependant doivent consoler bien des afflictions, secourir
bien des misères. »

Ne laissez donc pas échapper les jeunes gens, en
particulier les anciens élèves de ces pensionnats qui,
grâce à Dieu, dans ce diocèse, possèdent de belles
Conférences. Prenez-les au sortir du collège, avant
qu'ils aient contracté d'autres habitudes. S'ils vous
quittent pour venir à Paris ou dans quelque autre
ville, envoyez-nous-les : ils seront reçus à bras ou-
verts. S'ils vous restent ou s'ils vous reviennent,
attirez-les et choyez-les comme les Benjamin de la
famille; donnez immédiatement à leur zèle et à leur

activité quelque aliment. S'ils préfèrent former entre eux une jeune Conférence, favorisez-en l'éclosion. Faites tout enfin pour que, sous une forme ou sous une autre, ils se fassent à eux-mêmes le bien que vous vous êtes fait depuis cinquante ans.

J'ai donc confiance que, dans un demi-siècle, un autre Membre du Conseil général viendra saluer votre centenaire, il vous verra doublés ou triplés en nombre, mais au fond toujours les mêmes, les mêmes qu'au jour de vos Noces d'or, ne faisant tous qu'un cœur et qu'une âme, pour l'amour de Dieu et des pauvres !

La remarquable allocution de M. Bonnet, exposant d'une manière si claire le rôle du Conseil central, soulève les bravos de l'Assemblée.

Monseigneur veut bien prendre ensuite la parole et prononce le discours suivant :

MESSIEURS,

Les rapports qui viennent de vous être lus nous ont permis de constater, une fois de plus, vos bonnes dispositions. Aujourd'hui comme par le passé, c'est le même esprit qui anime les différentes Conférences du diocèse. Si les pauvres ont de grands besoins, chacun de vous se multiplie pour leur venir en aide.

Vous ne vous contentez pas de leur distribuer, comme le fait l'Assistance publique, avec plus ou moins d'éclat, la nourriture et le vêtement. En même temps que vous soulagez la misère matérielle, vous travaillez à sanctifier vos pauvres. Votre rêve est d'atteindre leur âme. Pour y réussir, vous vous faites petits avec les petits, vous n'hésitez pas à descendre dans leurs maisons, vous écoutez patiemment leurs doléances, vous prenez leurs enfants sur vos genoux et vous les caressez comme s'ils étaient les vôtres ; et quand vous avez ainsi gagné leur confiance, vous leur parlez de leur avenir et de Dieu.

C'est qu'en effet, le résultat de votre apostolat se mesure à l'influence morale que vous aurez exercée sur vos chers clients.

Vous avez d'autant plus de mérite à faire ce que vous faites que la faveur n'est pas à vos œuvres. Je ne vous apprendrai rien de nouveau : les pouvoirs publics n'ont pas évidemment de sympathie pour vous. La raison en est bien simple : vous portez l'étiquette cléricale et vous vous inspirez des idées de l'Eglise. Au fond, cette hostilité vous importerait peu ; mais combien de cos jeunes gens comme en voulait Ozanam, hardis, téméraires même, qui sentent en eux la flamme du zèle, ne peuvent entrer dans vos rangs, dans la crainte de voir leur carrière entravée ! Aussi êtes-vous relativement peu nombreux pour produire la somme de bien que vous réalisez.

Chose plus triste encore, vous ne pouvez même pas compter sur l'appui moral d'une foule de gens qui

devraient particulièrement comprendre votre Œuvre.
L'apostolat que vous exercez demande du désinté-
ressement, de l'abnégation, de la régularité : autant
de choses qui ne sont guère dans les habitudes d'aujourd'hui. On se plaint de l'abaissement des mœurs
et de la diminution de la foi. Quelles tirades on fait
là-dessus au coin du feu ! Mais que fait-on pour
arrêter cette décadence que l'on voit s'accentuer
de jour en jour et que l'on déplore avec tant d'é-
loquence ? Essayez d'entraîner ces beaux parleurs
à votre suite, ils vous répondront que le mal est
incurable et vous tiendront pour des naïfs, parce
que vous travaillez résolument à l'enrayer.

Soyez bénis pour le bien que vous faites, malgré
l'hostilité des uns et la déplorable apathie des autres !

J'ajoute : poursuivez votre grande tâche, vous
servant pour cela de tous les moyens que vous avez
à votre disposition, sans vous laisser décourager
par les déceptions que vous pourrez éprouver du
côté de vos pauvres, sûrs d'ailleurs que vos œuvres,
si elles ne profitent pas aux autres, ne seront pas
sans résultat pour vous.

Quel effet ne peut pas produire une bonne visite?
Les pauvres chez lesquels vous allez, ces pauvres
qu'on ne salue pas, auxquels personne ne semble
faire attention, que l'on aborde tout au plus à l'époque d'une élection, parce que leur bulletin de vote
a le même poids que les autres dans la balance du
suffrage universel, sont flattés de vous voir au milieu
d'eux. « Monsieur un tel, se disent-ils, qui est riche

et fréquente les meilleures maisons, est venu chez nous. » Ils sont flattés et se sentent comme grandis.

Vous leur apportez d'ailleurs un peu de bien-être sans leur rien devoir. Dites-leur une bonne parole, une parole de résignation, de paix, d'espérance, le « *Beati pauperes* » commenté avec votre cœur. Vos encouragements tomberont sur ces âmes déshabituées des choses de Dieu comme autant de rayons de soleil. Prenez souci de leurs enfants : les pauvres ont des entrailles aussi. Ils aiment leurs garçons et leurs filles qui remplissent quelquefois la maison, sans qu'on les trouve encombrants. Le père n'a pourtant à leur léguer que ses outils, et la mère, son aiguille.

Quelle consolation pour un chrétien et pour un confrère de saint Vincent de Paul, que de mettre un peu de joie dans ces âmes, que de les préparer aux effusions de la grâce, que de les ouvrir au sourire de Dieu !

Sans doute, vous ne réussirez pas toujours et même, quand vous croirez avoir réussi, vous n'aurez quelquefois rien obtenu, parce que vous aurez été trompés. Tel est le sort de ceux qui font le bien d'avoir de ces sortes d'amertumes, Dieu voulant par ce moyen leur ôter la tentation de trop présumer de leur vertu.

Ne perdez pas courage, mais après chacun de vos échecs, défiez-vous un peu plus de vous-mêmes et comptez davantage sur Dieu.

Permettez-moi de vous dire en finissant : Mettez à

remplir votre mission beaucoup de zèle. Vous comptez dans le catalogue de vos Confrères un homme qui peut être regardé comme l'un des meilleurs entre les bons ; je veux parler du colonel Pâqueron. Son souvenir est vivant parmi vous. C'est lui qui se plaisait à ramasser des chaussures pour ses pauvres et disait un jour avec sa grande bonhomie : « J'en ai plus de douze cents paires sur mes planches ! » Il en avait de toutes les mesures et de toutes les façons. Avoir des chaussures, c'était sa passion. Quand il voulait stimuler l'ardeur de ses Confrères, le zèle de sa Conférence d'Angoulême : « Il faut, répétait-il, il faut que ça brûle. Chaque membre doit être une braise pour allumer le cœur des pauvres »

Messieurs, ramassez des chaussures par centaines, si vous le pouvez ; aussi bien la saison vous y invite ; mais retenez le mot du colonel : du zèle ! Si ça brûle, vous réussirez, et la nouvelle période dans laquelle entre votre Conférence sera bénie de Dieu.

Après l'allocution si éloquente de Monseigneur, M. le Trésorier fit une quête dont le produit élevé, grâce à la générosité des Membres présents, assurera pour longtemps les besoins du Conseil central.

Monseigneur, après avoir récité les prières d'usage et un *De Profundis* pour les Membres défunts, a levé la séance en donnant à l'Assemblée sa bénédiction.

LE BANQUET

A l'issue de l'Assemblée générale, tous les Membres présents se trouvèrent réunis dans la salle de la Conférence, transformée en une vaste salle de banquet et ornée avec le meilleur goût, grâce au concours dévoué des Frères de la Doctrine chrétienne. Cent vingt-cinq convives avaient pris part à ces agapes fraternelles, dont la cordialité la plus charmante a fait le principal attrait.

Au moment des toasts, on vit s'avancer, au milieu de la salle, deux jeunes ouvriers du Patronage, dont l'un portait un charmant bouquet, tandis que l'autre, l'aîné des dignitaires du Patronage, adressait à Sa Grandeur le compliment suivant :

MONSEIGNEUR,

Veuillez permettre aux aînés des ouvriers du Patronage de se faire, au milieu de eette fête, les interprètes des sentiments de leurs jeunes camarades. La solennité des Noces d'or de la Conférence de Laval, n'est-elle pas aussi un peu notre fête? Fondé à l'origine de l'Œuvre, le Patronage a toujours été l'enfant de prédilection de la Conférence. Nous aimons à le rappeler : c'est notre devoir, croyons-nous, de le faire en ce jour.

Sans doute, Messieurs, nous sommes bien jeunes pour évoquer les souvenirs des premiers temps du Patronage, et nos aînés sont déjà loin. Que sont devenues ces générations d'enfants recueillis depuis cinquante ans par MM. les Confrères de Saint-Vincent-de-Paul qui en ont fait des ouvriers chrétiens? Il nous serait impossible de le dire. Cependant, parmi les patrons et les chefs d'ateliers de la ville de Laval, nous sommes fiers d'en voir, et des plus estimés, qui jadis ont appartenu à notre cher Patronage et qui se proclament heureux d'y avoir contracté des habitudes de travail et de vie chrétienne auxquelles ils doivent leurs succès. Ils avaient autrefois comme camarades ici, tel jeune homme qui depuis a conquis à la pointe de l'épée un grade de capitaine dont avec lui nous sommes fiers, tel autre à qui la voix de Dieu s'est fait entendre, l'appelant au-delà des mers, à la conversion des infidèles. Vous nous pardonnerez, Messieurs, d'évoquer, à notre gloire, le souvenir du brillant officier et du courageux missionnaire.

Mais pourquoi nous flatter davantage lorsque notre devoir, bien doux assurément, est surtout de remercier ceux de nos bienfaiteurs que nous avons connus et aimés?

Et d'abord donnons un souvenir à ceux qui ne sont plus : à notre vénéré ancien Président, M. Charles Letourneurs, et à cet aimable M. Jupin, que nous avons tant regretté.

De tous nos bienfaiteurs actuels, il en est un dont nous ne pouvons taire le nom : c'est par excellence le bienfaiteur et l'ami de la jeunesse. Nous nous réjouissons, Monseigneur, quand, par les hautes dignités dont vous l'honorez, vous récompensez sés vertus et sa science. Que M. le chanoine Letourneurs veuille bien agréer l'expression de notre affection respectueuse et de notre vive reconnaissance. Ces mêmes sentiments d'affection, de respect et de reconnaissance, nous les devons et nous aimons à les témoigner à tous ceux qui nous prodiguent ici les marques d'un dévouement que Dieu seul saura récompenser. Président, Aumônier et Directeurs du Patronage, si nous ne répondons parfois que d'une manière imparfaite à vos soins généreux, nous voulons vous dire que nos cœurs en sont toujours profondément touchés.

MONSEIGNEUR,

Dans toute fête de famille, c'est autour du père

qu'aiment à se grouper les enfants. N'êtes-vous pas vraiment le Père de cette famille que saint Vincent de Paul réunit aujourd'hui autour de vous? Grande famille dont le nom est charité et dont les membres mettent en commun, les aînés, leurs bienfaits, les petits, comme nous, leurs prières, pour s'aimer d'un même amour en Notre-Seigneur Jésus-Christ.

Que Votre Grandeur veuille bien recevoir ces fleurs comme gage de notre respect et de notre reconnaissance, et se faire l'interprète de tous les humbles et les petits pour remercier ceux qui dans cette Œuvre nous comblent de leurs bienfaits.

Les applaudissements qui ont accueilli ce charmant compliment ayant pris fin, le nouveau Président du Conseil central se lève et porte le toast suivant :

MONSEIGNEUR,

D'habitude les banquets des jours de fête se terminent par des toasts. Je m'empresse de porter celui de Votre Grandeur, qui, dans cette double solennité du cinquantenaire de la Conférence de Saint-Vincent-de-Paul de Laval et de l'installation du Conseil central diocésain, nous a donné une marque si complète de son bienveillant intérêt.

Au nom de tous mes Confrères, je me crois autorisé à dire hautement à Votre Grandeur que nous

voulons demeurer des catholiques convaincus et fer-
vents; et que, dans ces jours de lutte, nous prenons
l'engagement de défendre, par tous les moyens à
notre disposition, les prérogatives et les droits de
l'Eglise. Nous resterons groupés autour de vous,
Monseigneur, comme représentant attitré du Saint-
Père. Permettez-moi d'associer sa santé à la vôtre.
Et quand, bientôt, vous irez à Rome, dites au Très
Saint-Père le Pape Léon XIII, que le 29 novembre 1890, toutes les Conférences de votre diocèse,
réunies sous votre présidence, ont formé des vœux à
son adresse; et qu'elles ont demandé à Dieu, avec
le triomphe de l'Eglise, des consolations pour son
Chef auguste, abreuvé de trop cruelles et trop longues épreuves.

Et maintenant, mes chers Confrères, je vous pro-
pose encore de boire à la prospérité et à l'union
fraternelle dans la charité de nos chères Conférences
diocésaines; à l'espérance que leur nombre pourra
s'accroître dans un avenir prochain; au succès et à
l'efficacité de leurs œuvres, pour l'avantage spirituel
de leurs Membres, pour qu'à leur aide un peu de
bien soit fait à ceux que nous assistons, enfin et
surtout pour la plus grande gloire de Dieu,

A Monseigneur l'Evêque de Laval !

A Sa Sainteté Léon XIII !

Aux Conférences diocésaines !

Les acclamations de l'Assemblée s'unissent

aux conclusions de M. de la Perraudière ; puis,
M. le chanoine Letourneurs charme tous et
chacun par la pièce de vers suivante :

A nos Pauvres !

Dans les chauds et gais toasts qu'ici
Eveille ce cinquantenaire,
Je veux prévenir un oubli
Que notre cœur ne saurait faire.
Vous avez porté la santé
D'une épiscopale présence,
Du Pape et de la Conférence...
Moi je trinque... à la pauvreté.

Nos pauvres ! mais dans leur mansarde,
Ils n'ont pas si riche couvert...
Et c'est bien le moins qu'on leur garde
Un tout petit plat de dessert
Succulent... pour qu'il les console...
Plein de cœur... farci de bonté...
Cuit au feu de la charité,
Et servi chaud par ma parole !...

Ah ! disons-leur combien les aime
Notre chère Société...
Que nous, leurs frères de baptême,
Nous respectons la pauvreté !
A nos pauvres !... mais à ce cri
Je me sens tressaillir moi-même...
Pauvreté ! sous ton diadème
J'adore et je sers Jésus-Christ.

C'est alors le tour de M. Benjamin Sebaux,

qui célèbre, par la pièce suivante, les Noces d'or de la chère Conférence dont il est un des Membres les plus assidus :

Poésie de M. Benjamin Sebaux.

Laissez-moi dire un mot que je ne saurais taire
Sur notre protecteur et sur la charité,
La charité, vertu céleste, salutaire,
Féconde dans le temps et dans l'éternité.

La charité, c'est Dieu descendant dans une âme
Et lui donnant l'amour de ce qu'il faut aimer;
La charité, c'est Dieu purifiant la flamme
Qui va brûler un cœur trop prompt à s'enflammer.

La charité, c'est Dieu s'incarnant en Judée
Et s'immolant pour nous sur le bois de la croix;
C'est Rome, de lumière et de sang inondée,
Consacrant ses grandeurs au Souverain des rois.

La charité, c'était notre pays de France,
Ce pays délicat, vaillant et généreux
Alors qu'il s'abritait sous la noble influence
De la noble vertu que comprenaient ses preux.

Oui vous aimiez le Christ, Clovis et Charlemagne;
Sur ton anneau, Louis, tu gravais ton amour
Pour ton Dieu, ton pays, ta royale compagne.
Votre saint protecteur sut aimer à son tour,

Comment, Vincent de Paul, en cette douce fête
Ne pas dire ton nom si cher à notre cœur?
Tu règnes dans ce lieu; nous sommes ta conquête,
Heureux d'être vaincus par un pareil vainqueur.

Ne rappelles-tu pas la charité vivante,
Vivante en toi, Vincent, et dans tes pieux fils,
Dans tes filles dont l'âme est si compatissante
Pour toutes les douleurs aux pieds du Crucifix !

Et tu voulus un jour à ces saintes phalanges
Ajouter des soldats recrutés parmi nous,
Formés loin de ce cloître où se forment les anges,
Mais animés par toi de ton zèle pour tous.

Oui, regardant du Ciel la jeunesse et le monde,
Tu voulus convoquer de généreux chrétiens
Pour les guider partout où la misère abonde
Et des pauvres les faire, après Dieu, les soutiens.

Paris fut ton début; mais Laval eut son heure,
Et depuis cinquante ans ton nom est répété
Dans nos murs par le pauvre en son humble demeure,
Par le riche qui puise en toi la charité.

Daigne continuer à protéger la France,
Daigne continuer à protéger Laval,
Laval à qui Marie a donné l'Espérance
Comme dernier secret de son cœur virginal.

Daigne, Vincent, parler de notre cinquantaine
Et de notre avenir à la Reine des Cieux
Dont le jour est témoin, comme chaque semaine,
De notre rendez-vous sous tes yeux, sous ses yeux;

De nous daigne parler à ce Dieu qui nous aime
Et que nous promettons d'aimer de plus en plus
Jusqu'à ce dernier jour, à cette heure suprême
Où nous te rejoindrons au séjour des élus.

Il appartenait aux représentants du Conseil
général de terminer la série des toasts; nous

avions eu le bonheur d'entendre M. Bonnet
à deux reprises différentes, aussi comptions-
nous que M. Legendre ne nous refuserait pas
de se faire applaudir à son tour. Notre attente
n'a pas été déçue.

Voici le toast de M. Legendre :

MONSEIGNEUR,

Vous avez reçu, dans des termes qui vous ont été
certainement agréables, les hommages et les vœux
des plus jeunes Membres et des aînés de cette belle
famille dont vous êtes le père aussi plein de ten-
dresse que respectueusement aimé.

Puisque l'heure est aux toasts, permettez-moi de
boire également à la santé de Votre Grandeur en lui
renouvelant l'expression de la profonde gratitude du
Conseil général de la Société de Saint-Vincent-de-
Paul.

MESSIEURS ET CHERS CONFRÈRES,

Je dois m'associer encore, au nom du Conseil
général, aux paroles par lesquelles M. le Président
du Conseil central saluait, il y a un instant, l'auguste personne du Souverain-Pontife. Et, comment
ne rappellerais-je pas, dans cette ville où l'œuvre
du Patronage est si florissante, le Bref récent par
lequel Léon XIII a daigné ouvrir le trésor des Indul-
gences en faveur des Patronages unis à la Société

de Saint-Vincent-de-Paul? Que cette nouvelle libéralité du Saint-Siège accroisse notre gratitude et qu'elle soit un stimulant pour notre zèle !

Vous êtes étonnés, sans doute, Messieurs et chers Confrères, de voir le Conseil général représenté en ce moment par un Membre dont la figure imberbe ne porte pas ce cachet de gravité qui sied d'ordinaire aux Membres du Conseil de direction d'une grande Société. Voici cependant comment je crois pouvoir expliquer ma présence.

Le Conseil général a pensé qu'en déléguant auprès de vous un jeune homme, il montrerait l'importance qu'il attache à l'entrée des jeunes gens dans notre chère Société. M. le Président de la Conférence de Château-Gontier nous a dit que les jeunes gens fuyaient sa Conférence. Il pourra rapporter à ces jeunes gens ce qu'il a vu : un jeune homme associé par la bienveillance du Conseil général à ses travaux. Peut-être cet exemple secouera-t-il leur indolence ?

Et vous, mes jeunes Confrères de la Conférence de l'Immaculée-Conception de Laval, vous interpréterez ma présence comme une preuve de l'intérêt spécial que le Conseil général porte à votre Conférence, intérêt qu'il m'a chargé tout particulièrement de vous témoigner.

Mais je suis venu avant tout, Messieurs et chers Confrères, pour m'édifier. Et mon attente n'a pas été trompée. Vous avez, par votre exemple, fortifié en moi cette conviction que deux causes principales contribuaient à assurer la vitalité, les progrès de

notre chère Société : l'esprit de foi et le respect
des traditions. — L'esprit de foi ! Il débordait ce
matin dans votre pèlerinage au sanctuaire de Notre-
Dame d'Avénières. Comment n'être pas ému en
vous voyant pressés de remplir la nef de cette église
si pieuse, de formes si harmonieuses et si pures ; en
vous voyant ensuite vous approcher si nombreux de
la Table sainte pour y recevoir de la main de votre
premier Pasteur le Pain des forts ?

Et votre Assemblée générale n'est-elle pas un hommage aux traditions dont notre Société se montre à
bon droit si jalouse ?

Quelle union fraternelle parmi ces Confrères
venus, non seulement des divers points du diocèse,
mais encore des diocèses d'Angers, du Mans, de
Rennes, de toute la Bretagne, en un mot !

Quelle simplicité dans ces rapports lus au nom de
vos diverses Conférences! Quel intérêt dans ce récit
du bien opéré depuis cinquante ans par la Conférence de Laval, grâce à l'exactitude et au zèle de
ses Membres! Ce récit, sous la plume de M. Bucquet,
était pour moi la continuation de l'enseignement
donné par mon ancien Président de Malakoff, lorsque son affectueuse amitié me formait à l'apprentissage de la charité.

Mais il est temps d'arrêter ces épanchements de
mon cœur. J'ai établi que j'étais bien votre obligé,
et je termine par un double toast :

Au Conseil central de Laval, en la personne de
son digne et vénéré Président ! Au succès de ses

démarches pour la création de nouvelles Conférences !

Aux Noces de diamant de la Conférence de Laval !

Ainsi s'est terminée cette journée du 29 novembre 1890 qui marquera dans les plus glorieux souvenirs de la Conférence Saint-Vincent-
de-Paul de Laval.

Tous, en se séparant, manifestaient l'espoir
qu'avec la permission de Dieu ils se retrouve-
raient au rendez-vous des représentants du
Conseil général :

Aux Noces de Diamant.

LES NOCES D'OR AU PATRONAGE

Le lendemain, dimanche 30 novembre, les Directeurs du Patronage de Laval avaient organisé pour leurs chers enfants une fête plus intime, afin de leur rappeler que leur Œuvre atteignait, elle aussi, sa cinquantième année.

Tous les ouvriers et apprentis, auxquels s'étaient joints quelques anciens du Patronage, se trouvèrent réunis dans un banquet plus modeste que celui de la veille, sous la présidence de M. le chanoine Letourneurs.

Tout heureux de se retrouver au milieu de cette jeunesse qu'il aime tant, dans cette Œuvre du Patronage à laquelle le rattachent tant de souvenirs personnels, M. le chanoine Letourneurs a su communiquer à tous la joie qui le remplissait. A l'heure des toasts, répondant au Président de la Conférence, à M. Sebaux, à M. le Président de la Commission des Patronages de Paris, et à M. Lhuissier, l'aumônier si sympathique de l'Œuvre, il a trouvé dans son cœur un mot charmant pour tous. Après avoir évoqué les anciennes traditions de l'Œuvre, il a parlé à tous ces jeunes gens de leur avenir, les exhortant à conserver les habitudes de foi et de travail qu'ils auront contractées pendant leur séjour au Patronage.

Tous ceux qui ont pris part à cette réunion en garderont le souvenir, et formeront des vœux pour que le Patronage comme la Conférence atteigne, lui aussi, ses Noces de diamant.

LISTE DES PREMIERS MEMBRES ACTIFS

DE LA CONFÉRENCE DE LAVAL A SA FONDATION (1840)

---

6 septembre 1840.

MM.

AUBRY, premier vicaire de la Trinité, rue Renaise, 55.
Baptiste COUANIER, négociant, place de la Mairie, 9.
Louis D'AUBERT, propriétaire, place Hardy, 23.
Benjamin SEBAUX, négociant, rue Joinville, 15.
Anatole BUCQUET, docteur en médecine, place Hardy, 7.
Auguste COQUEREAU, prêtre-sacristain de la Trinité.
Auguste CAMPEAU-DESAINT, avocat, rue du Pont-de-Mayenne.
Charles LETOURNEURS, propriétaire, rue des Etaux, 10.

13 septembre 1840.

Alfred COURTE DE LA GOUPILLIÈRE, avocat, place du Gast, 4.
Charles D'AUBERT, propriétaire, place de Hercé.
Henri DE LA PORTE, négociant, rue des Chevaux.
Victor GARNIER, professeur, rue Joinville, 6.
Charles GARREAU, homme d'affaires, rue Renaise, 57.
Henri GODBERT, libraire, rue de la Trinité, 23.
J.-B. MIGORET-LAMBERDIÈRE, Md de fers, place de la Mairie.

20 septembre 1840.

Gabriel GARNIER, propriétaire, rue du Jeu-de-Paume.
Frédéric LEMOTHEUX, négociant, rue de Paradis.

De septembre à décembre 1840.

Tobie Rusca, rue du Val-de-Mayenne, 69.
Louis Guinoiseau, clerc d'avoué, rue de Rennes, 99.
Louis Rabeau, propriétaire, rue du Pont-de-Mayenne.
Paul Courte de la Goupillière, place du Gast.
Gabriel du Mans de Chalais, rue du Collège.
Pierre Lesassier, notaire, rue du Collège.
Anselme Levesque de la Bérangerie, docteur en médecine,
    place des Arts, 8.
H. Pichot de la Marandais, rue des Etaux, 11.
Alexandre Fairé, étudiant, rue Renaise.
H. Robert-Guétron, étudiant, Grande-Rue.
Stanislas Fournier, avocat, rue de Paradis.
Paul du Bourg, propriétaire, rue Marmoreau, 8.
François Nupied, propriétaire, rue de Nantes.
F. Dupuy, rue des Trois-Croix, 10.

1841.

Paul Frontault, propriétaire, rue du Mans.
Louis Vincent, conducteur des ponts et chaussées, rue de
    Bel-Air.
Henri Connilleau, clerc de notaire.
Louis Allard, négociant, rue de Bootz.
Auguste Morineau, expert, rue du Pont-de-Mayenne.
Ambroise Blanchet, propriétaire, rue des Curés.
Charles du Bourg, propriétaire, rue Marmoreau, 8.
Louis de Vaujuas, propriétaire, rue Saint-Mathurin.
Joseph Chevallier-Chantepie, propriétaire, rue Renaise.
Stéphane Couanier de Launay, propriétaire, rue Renaise.

16200 — Laval, imp. Chailland, rue des Béliers, 2.

www.ingramcontent.com/pod-product-compliance
Ingram Content Group UK Ltd.
Pitfield, Milton Keynes, MK11 3LW, UK
UKHW022115070726
13613UKWH00003B/1080